AF389802

LES EFFRONTÉS

COMÉDIE

Représentée pour la première fois, à Paris, sur le Théâtre-Français,
par les Comédiens ordinaires de l'Empereur, le 10 janvier 1861.

D'ÉMILE AUGIER

Format grand in-18.

L'Aventurière, comédie en quatre actes, en vers.

Un Beau Mariage, comédie en cinq actes, en prose.

Ceinture dorée, comédie en trois actes, en prose.

La Chasse au roman, comédie en trois actes, en prose.

La Ciguë, comédie en deux actes, en vers.

Diane, drame en cinq actes, en vers.

Gabrielle, comédie en cinq actes, en vers.

Le Gendre de M. Poirier, comédie en quatre actes, en prose.

L'Habit vert, proverbe en un acte, en prose.

L'Homme de bien, comédie en trois actes, en vers.

La Jeunesse, comédie en cinq actes, en vers.

Les Lionnes pauvres, comédie en cinq actes, en prose.

Le Mariage d'Olympe, comédie en trois actes, en prose.

Les Méprises de l'amour, comédie en cinq actes, en vers.

Philiberte, comédie en trois actes, en vers.

La Pierre de touche, comédie en cinq actes, en prose.

Sapho, opéra en trois actes.

POÉSIES COMPLÈTES, 1 volume.

THÉATRE COMPLET, 6 jolis volumes in-32.

PARIS. — IMPRIMERIE DE J. CLAYE, RUE SAINT-BENOIT, 7.

LES
EFFRONTÉS

COMÉDIE

EN CINQ ACTES EN PROSE

PAR

ÉMILE AUGIER

de l'Académie Française

PARIS

MICHEL LÉVY FRÈRES, LIBRAIRES-ÉDITEURS

RUE VIVIENNE, 2 BIS

—

M DCCC LXI

PERSONNAGES

CHARRIER, banquier . . . . MM. PROVOST.

HENRI, son fils. . . . . DELAUNAY.

LE MARQUIS D'AUBERIVE . . . . SAMSON.

VERNOUILLET, faiseur d'affaires. . . . . . . REGNIER.

DE SERGINE, journaliste . . . . LEROUX.

GIBOYER, bohème . . . . GOT.

LE VICOMTE D'ISIGNY. . . . . MIRECOUR.

LE BARON. . . . . CHÉRY.

LE GÉNÉRAL . . . . BARRÉ.

LA MARQUISE D'AUBERIVE . . . . Mmes ARNOULD-PLESSY.

CLÉMENCE, fille de Charrier. . . . . MARIE ROYER.

LA VICOMTESSE D'ISIGNY. . . . . ÉDILE RIQUER.

UNE FEMME DE CHAMBRE . . . . J. BONDOIS.

DOMESTIQUE DE CHARRIER. . . . . . . MM. MONTET.

DOMESTIQUE DE LA MARQUISE . . . . . TRONCHET.

DOMESTIQUE DE VERNOUILLET. . . . . MASQUILLIER.

La scène se passe à Paris, vers 1815.

A

M. PROSPER MÉRIMÉE

DE L'ACADÉMIE FRANÇAISE

CHER MAITRE,

Cette dédicace est la première chose, depuis six ans, que j'imprime sans vous consulter. Acceptez-la, je vous prie, comme un petit témoignage d'une grande admiration et d'une grande amitié.

Émile Augier.

LES

EFFRONTÉS

ACTE PREMIER

Un riche salon chez Charrier. Cheminée au fond, avec un feu très-vif; porte à droite conduisant au dehors; porte à gauche conduisant à l'intérieur; au milieu, devant la cheminée, une table en marqueterie avec une chaise dorée de chaque côté.

SCÈNE PREMIÈRE

CLÉMENCE seule, assise à gauche, lisant le journal, puis HENRI, entrant par la porte de droite; il s'approche à pas de loup et embrasse le cou de Clémence, qui pousse un petit cri.

CLÉMENCE.

Ah! tu m'as fait peur!

HENRI.

Tu ne m'avais pas entendu entrer? C'est un peu fort de lire le journal à ce point-là... A ton âge, ô ma sœur!

CLÉMENCE.

Je parcourais...

HENRI.

Attentivement. (Prenant le journal.) *La Conscience publique!...* beau titre pour un journal à vendre!

CLÉMENCE, se levant.

A vendre?

HENRI.

Oui; le propriétaire a fait sa pelote et veut céder son fonds. A vendre *la Conscience publique!* Au comptant et en un seul lot! — Quelle affaire pour une bande noire!

CLÉMENCE.

Que va devenir M. de Sergine?

HENRI.

Sergine? Est-ce que ça le regarde?

CLÉMENCE.

Puisqu'il écrit dans ce journal...

HENRI.

Si mon père vendait sa maison, qu'est-ce que ça ferait aux locataires? L'ami Sergine peut être tranquille, le preneur ne lui donnera pas congé : c'est lui qui est la fortune du journal.

CLÉMENCE.

Ses articles sont si beaux, si honnêtes, si éloquents!

HENRI.

Vous les comprenez donc, Mademoiselle?

CLÉMENCE.

Que c'est courageux de passer sa vie à chercher la vérité et à la dire sans flatter les grands ni les petits! Sais-tu bien que M. de Sergine est un caractère?

HENRI.

Oui, car c'est un parfait honnête homme; et il y faut une terrible volonté par les exemples qui courent les rues.

CLÉMENCE.

Je crois que cela ne coûte guère à M. de Sergine.

HENRI.

Pardon ! Cela lui coûte précisément ce que lui rapporte-
rait le contraire.

CLÉMENCE.

J'entends qu'il en fait le sacrifice sans effort. Il n'est
pourtant pas riche.

HENRI.

Lui ? Son travail lui rapporte une vingtaine de mille
francs et lui laisse à peine le temps d'en dépenser dix ! Ce
qui est ruineux, c'est la fortune : je ne ferais pas un sou de
dettes si je gagnais seulement la moitié de ce que me donne
mon père. — A propos, quelle mine faisait-il au déjeuner ?

CLÉMENCE.

Sa mine ordinaire.

HENRI.

C'est qu'il n'a pas reçu le paquet.

CLÉMENCE.

Encore des dettes ? c'est très-mal, Henri !

HENRI.

Il faut bien faire quelque chose.

CLÉMENCE.

A la bonne heure ; mais quand c'est fait, plutôt que de
fâcher son père, on vient trouver sa sœur ; et comme elle
connaît son panier percé de frère, elle a une petite réserve
de louis d'or...

HENRI.

O Clémence, la bien nommée !... Garde tes économies, ma
chérie ; je ne veux pas dilapider l'argent des pauvres.

CLÉMENCE.

Je suis assez riche pour eux et pour toi. J'ai mes douze
cents francs de notre pauvre mère...

HENRI.

Comme moi.

CLÉMENCE.

Et papa ne me refuse rien.

HENRI.

Mais si tu te mettais à payer mes dettes, je n'oserais plus en faire. Non, petite sœur : j'en serai quitte pour une mercuriale, et encore ! J'ai une recette pour couper court aux sermons de mon père.

CLÉMENCE.

Je la connais : ta vocation militaire. Mais à quoi peux-tu dépenser tant d'argent ?

HENRI.

A quoi ? Parbleu... dame ! Je n'en sais rien.

CLÉMENCE.

Tu ne veux pas le dire ? C'est bien, tu as des secrets pour moi, j'en aurai pour toi.

HENRI.

C'est bien différent ! Tu es ma sœur, tandis que moi, je suis ton frère. D'ailleurs je n'ai pas le moindre secret.

CLÉMENCE.

Eh bien ! moi, j'en ai un.

HENRI.

Un gros ?

CLÉMENCE.

Oui... que je cherche à te dire depuis une heure sans que tu viennes à mon aide.

HENRI.

Tiens ! tiens ! Voyons, de quoi me parles-tu depuis une heure ? De Sergine, parbleu ! Est-ce que ?... (Elle baisse la tête.) Que le diable t'emporte !

CLÉMENCE.

Ne m'as-tu pas dit vingt fois qu'il ne faut pas rechercher
la fortune dans le mariage? Que le vrai luxe d'une fille riche
c'est d'épouser une homme digne d'elle?...

HENRI.

Sans doute, sans doute...

CLÉMENCE.

Trouves-tu M. de Sergine indigne de moi?

HENRI.

Non, certes! c'est l'homme du monde que j'aime et que
j'honore le plus; mais le *hic* c'est qu'il ne pense pas à toi.

CLÉMENCE.

N'est-ce que cela?

HENRI.

C'est quelque chose.

CLÉMENCE.

Eh bien, rassure-toi, il y pense.

HENRI.

Où prends-tu cela?...

CLÉMENCE.

A mille petits riens qui font que j'en suis sûre. Tu sais si
je suis avantageuse et portée à m'accorder d'autres charmes
que ma dot?

HENRI.

C'est vrai; tu es même d'un scepticisme immodéré à l'endroit de tes soupirants.

CLÉMENCE.

Tu peux donc me croire quand je te dis que M. de Sergine m'aime.

HENRI, à lui-même.

Au fait, pourquoi pas?

CLÉMENCE, souriant.

Sans doute, pourquoi pas ?

HENRI, à part.

Il y a assez longtemps qu'il aime la marquise. (Haut.) Ma foi, ma petite Clémence, tu ne pourrais me donner un beau-frère qui me plût davantage.

CLÉMENCE.

Cher Henri !...

HENRI.

Mais j'ai peur que le père ne se fasse tirer l'oreille.

CLÉMENCE.

Nous lui en tirerons chacun une. D'ailleurs il m'a toujours dit que je choisirais mon mari.

HENRI.

Je sais bien, mais dire et faire !... Enfin, nous verrons. Il faut d'abord sonder Sergine, et m'assurer que tu ne te trompes pas. Je m'y prendrai adroitement.

CLÉMENCE.

Adroitement?... Dis-lui : ma sœur vous aime...

HENRI.

Hein ?

CLÉMENCE.

Et je vous autorise à demander sa main.

HENRI.

Comme tu y vas !

CLÉMENCE.

Comme une honnête fille riche avec un honnête homme pauvre.

HENRI.

Chut !... Le père !

Il passe à gauche, pendant que Clémence va au-devant de Charrier qui l'embrasse.

SCÈNE II.

HENRI, CLÉMENCE, CHARRIER.

CHARRIER, debout devant la cheminée, et après un silence.

J'ai à causer avec ton frère, ma chère Clémence, laisse nous.

CLÉMENCE, bas.

Voici l'orage.

HENRI, bas à sa sœur.

Gare là-dessous !

Clémence sort par la gauche.

CHARRIER.

Asseyez-vous, Monsieur. (Henri s'assied à gauche de la table et Charrier à droite.) Votre grand-père était un pauvre petit percepteur à Saint-Valery...

HENRI.

Je sais bien.

CHARRIER.

Veuillez ne pas m'interrompre. Quand j'eus achevé mes études au collége de Rouen, il m'embarqua pour Paris, avec quinze louis dans ma bourse et une lettre de recommandation pour Laffitte. Savez-vous ce qu'il me dit en me quittant ?

HENRI.

Parfaitement. Tu me le répètes chaque fois que tu...

CHARRIER.

Je vous prie de remarquer que je ne vous tutoie pas.

HENRI.

Parbleu ! tu es fâché contre moi qui ai fait des lettres de change ; mais moi, je ne le suis pas contre toi qui les as payées. Je n'ai aucun motif de te parler sévèrement.

CHARRIER.

Et croyez-vous que ce soit en faisant des lettres de change
que, parti de rien, je suis arrivé où j'en suis? Non, Monsieur; c'est par le travail, la conduite, l'économie! A votre
âge, je vivais avec douze cents francs par an et je ne faisais
pas de dettes!

HENRI.

Je crois bien, c'est toi qui les aurais payées.

CHARRIER.

Et aujourd'hui même, Monsieur, je ne dépense pas tant
que vous!

HENRI.

Il ne manquerait plus que cela.

CHARRIER.

Comment?

HENRI.

Vas-tu comparer le fils d'un pauvre diable de percepteur
avec celui du premier banquier de l'époque?

CHARRIER.

Oh! le premier...

HENRI.

D'un maire de Paris?

CHARRIER.

Cela, c'est exact.

HENRI.

D'un futur pair de France?

CHARRIER.

Pas si vite! Nous n'en sommes pas là!

HENRI.

Ne fais pas le modeste; la pairie ne peut pas te manquer.

Eh bien! je m'y prépare. Le fils d'un pair de France ne peut pas vivre comme un clerc d'huissier; tu ne le voudrais pas!

CHARRIER.

Mais il y a une juste limite.

HENRI.

L'ai-je dépassée? Voilà bien du bruit pour un méchant billet de deux cents louis!

CHARRIER.

Si c'était le premier... ou le dernier!

HENRI, se levant sur place.

Ce n'est ni l'un ni l'autre, j'en conviens. Mais soyons de bon compte; tu me l'as dit souvent: l'oisiveté est la mère de tous les vices; or, je suis oisif.

CHARRIER, se levant.

C'est justement ce que je vous reproche!

HENRI.

A qui la faute? J'avais une vocation pour l'état militaire; tu m'as défendu de la suivre! — M'y autorises-tu maintenant?

CHARRIER.

Non, diable!

HENRI.

Je te promets que je ne ferais plus de dettes.

CHARRIER.

J'aime encore mieux payer! Je n'ai pas amassé des millions pour envoyer mon unique héritier se faire casser la tête en Afrique!

HENRI.

Unique héritier?

CHARRIER.

Du nom.

HENRI.

Oh! tu t'appelles Charrier.

CHARRIER.

Eh bien! méprisez-vous le nom de votre père, à présent?

HENRI.

Non, certes! Je n'en sache pas de plus honorable, et je te remercie de me l'avoir gardé sans tache. C'est une partie de l'héritage dont les pères se préoccupent médiocrement par le temps qui court, et je ne te suis pas peu reconnaissant d'y avoir songé.

CHARRIER, lui prenant les mains.

Voilà ma récompense, mon cher enfant! — Mais sapristi! je ne suis pas venu pour te dire des tendresses! Où en étions-nous?

HENRI.

Tu tiens à reprendre?

CHARRIER.

Oui, morbleu! Tu as fait des sottises, et je veux, non plus te gronder, tu m'as fait perdre le fil de ma colère, mais te parler raison.

HENRI.

Reprenons donc. Je te disais qu'en me fermant la carrière militaire, tu m'avais condamné à l'oisiveté, et que l'oisiveté étant la mère de tous les vices, tu devais avoir des bontés pour sa petite famille.

CHARRIER.

Mais il y a d'autres carrières.

HENRI.

Permets! Si je suis trop riche pour faire ce qui me plaît, à plus forte raison pour faire ce qui ne me plaît pas. Concession pour concession : je consens à ne pas être soldat; mais tu me permettras, en retour, de n'être rien du tout, et, partant, de faire quelques folies pour passer le temps, jusqu'au jour où il te plaira me marier. Elles coûtent un peu cher, mais tu es millionnaire...

CHARRIER.

Aussi n'est-ce pas ta dépense qui me contrarie le plus... j'aimerais mieux te voir dépenser le double à autre chose.

HENRI.

Oui, à autre chose qui ne m'amuserait pas.

CHARRIER.

Qui ne t'afficherait pas, malheureux! Comment veux-tu que je marie un pilier de coulisses?

HENRI.

Où veux-tu donc que j'exerce? où veux-tu que j'aille? Parle!... j'irai.

CHARRIER.

Je n'ai pas besoin de savoir où tu vas: je ne te le demande pas... mais s'il faut absolument que tu ailles quelque part, il est certain qu'une liaison avec une femme... Comment dirai-je?

HENRI.

Mariée?

CHARRIER.

Non! mais enfin... avec une femme qui aurait des ménagements à garder... Il est certain, dis-je, qu'une telle liaison te coûterait moins cher et ne nuirait pas à ton établissement.

HENRI.

A la bonne heure; un peu de morale ne gâte rien.

CHARRIER.

Mon Dieu, je sais bien que ce n'est pas la morale de

l'Évangile, mais c'est celle du monde; que veux-tu que j'y fasse?

HENRI.

Bah! je parie que toi, tout le premier, tu refuserais ta fille à un homme dans cette position.

CHARRIER.

Pas du tout.

HENRI.

Voyons, je suppose que mon ami Sergine, par exemple...

CHARRIER.

C'est autre chose : sa liaison est publique.

HENRI.

Publique? Ni lui ni la marquise ne l'avoue, et personne n'a l'air de s'en douter.

CHARRIER.

C'est le secret de Polichinelle.

HENRI.

Alors Polichinelle est bon enfant, car la marquise est reçue partout et tout le monde va chez elle.

CHARRIER.

Du moment qu'elle sauve les apparences...

HENRI.

Tout est sauvé... fors l'honneur! — J'admire ta facilité à l'endroit des femmes légères... je la partage. Mais je suis très-collet monté quand il s'agit de ma sœur, et je m'étonne que tu lui laisses voir sa marraine, si sa liaison avec Sergine est en effet publique.

CHARRIER.

Quand je dis qu'elle est publique, je veux dire...

HENRI.

Qu'elle ne l'est pas.

CHARRIER.

Tu m'ennuies. La marquise fréquente la meilleure compagnie, elle y est très-bien vue, et je n'ai pas de motif de rompre avec elle.

HENRI.

Je ne dis pas le contraire, mais il serait piquant qu'elle ne fût pas compromise et que Sergine le fût au point de ne plus trouver à se marier.

CHARRIER.

Il l'est, marié ! Sa liaison est acceptée comme un mariage morganatique. D'ailleurs, qu'est-ce que tu me chantes avec ton Sergine ? Crois-tu que je mènerais ta sœur chez la marquise si cette relation était de nature à lui faire tort ?

HENRI.

Loin de moi...

CHARRIER.

J'honore la marquise ! je la considère comme un ange...

HENRI.

Un ange déchu, en tout cas.

CHARRIER.

Va, la pauvre femme est plus à plaindre qu'à blâmer.

HENRI.

Je veux bien ne pas la blâmer du tout, mais je demande à ne pas être obligé de la plaindre. Il me semble que tout lui a assez bien réussi : orpheline et sans le sou, elle a épousé un vieux mari pour sa fortune...

CHARRIER.

Ce n'est pas vrai. Elle a épousé son oncle par raison de

famille et non par intérêt. Elle a été angélique pour lui, ce qui n'est pas un petit mérite, car le bonhomme est un braque des mieux conditionnés; je ne pense pas que ton goût pour la contradiction aille jusqu'à le défendre?

HENRI.

Non, oh! non! Il me donne sur les nerfs ce petit vieux paradoxal, pointu et pointilleux, cet ennemi personnel de l'égalité, ce détracteur narquois de notre révolution! Je suis enchanté que sa femme ait eu l'esprit de le mettre dans son tort et de se séparer en lui tirant une pension de 50,000 fr.: je ne suis pas fâché qu'elle ait, par-dessus le marché, accommodé au safran ce voltigeur de Louis XIV, et que le monde lui ait passé cette petite douceur, à la pauvre femme. Mais quant à la trouver malheureuse, non, non, non!

UN DOMESTIQUE, annonçant à la droite.

M. le marquis d'Auberive!

HENRI.

Quand on parle du loup...

SCÈNE III.

HENRI, CHARRIER, LE MARQUIS.

CHARRIER.

Ah! monsieur le Marquis, pourquoi avez-vous pris la peine de vous déranger?

LE MARQUIS.

Comment donc, Monsieur, rien ne saurait moins me déranger que de venir chez vous.

CHARRIER, s'inclinant.

Monsieur le Marquis!

LE MARQUIS.

Sans doute : vous êtes sur le chemin de mon cercle.. — Vous m'aviez fait l'honneur de m'écrire pour me demander un rendez-vous chez moi, il fallait vous répondre, et en passant devant votre porte, je me suis dit : Parbleu ! économisons une course à ce bon M. Charrier, et une lettre à moi. Vous n'imaginez pas mon horreur pour les plumes.

HENRI.

Horreur que ce bon M. Charrier doit bénir, puisqu'elle lui vaut l'honneur inappréciable de votre visite.

CHARRIER.

Henri !

LE MARQUIS.

Je vous ai choqué, jeune homme ? Ce n'était pas mon intention ; mais si vous n'êtes pas content...

CHARRIER.

Il l'est.

HENRI.

Pas trop.

CHARRIER.

Fais-moi le plaisir de t'en aller ; j'ai à parler d'affaires avec Monsieur.

HENRI, à part.

Au fait, ce serait ridicule. (Haut.) Votre serviteur, Monsieur.

(Il sort par la gauche.)

SCÈNE IV.

CHARRIER, LE MARQUIS.

LE MARQUIS.

Il est gentil, votre garçon ; il a du sang.

CHARRIER.

Il n'en a que trop. — Je suis chargé...

LE MARQUIS.

A quoi le destinez-vous?

CHARRIER.

Au mariage.

LE MARQUIS.

Vous êtes sévère. Est-ce qu'il n'a pas d'autre vocation?

CHARRIER.

Il voulait être militaire; mais vous comprenez que je ne
m'en soucie pas.

LE MARQUIS.

Vous ne voulez pas que votre nom périsse, je conçois cela.
Encore un trait de l'aristocratie financière. Je les recueille
religieusement. Les travers du vainqueur sont la consolation
du vaincu: consolation bien innocente. Vous nous avez ren-
versés, et je me gaudis à voir ce que vous avez mis à notre
place.

CHARRIER.

L'Égalité.

LE MARQUIS.

Elle est jolie votre égalité, parlons-en! vous avez substi-
tué une caste à une autre, voilà tout.

CHARRIER.

Il n'y a plus de castes en France.

LE MARQUIS.

Vous croyez cela? Écoutez le récolement de la vôtre :
Vous ne vous mariez qu'entre vous, comme nous faisions.
— Vous dites : ça n'a pas le sou, comme nous disions :
ça n'est pas né ! — Vous avez vos quartiers de richesse,
comme nous avions nos quartiers de noblesse, le millionnaire de la veille traitant sous la jambe celui du jour. —
Vous avez le monopole du pouvoir comme nous; l'héré-

dité comme nous. — Voilà pour les ressemblances. Voulez-vous passer aux différences? — Notre ostentation avait quelque grandeur, notre impertinence quelque grâce ; nous avions d'autres convictions que notre intérêt ; enfin, nous ne payions qu'un impôt, j'en conviens, mais c'est le seul que vous ne payez pas, vous autres... l'impôt du sang !

CHARRIER.

Il y aurait beaucoup à répondre, mais ce serait long et nous n'avons pas de temps à perdre dans cette caste où l'on travaille. — Je suis chargé par Mme la marquise, votre femme...

LE MARQUIS.

Ma nièce, s'il vous plaît.

CHARRIER.

Votre nièce, soit, m'a chargé auprès de vous d'une négociation délicate.

LE MARQUIS.

Rien de plus simple entre gens délicats. Parlez.

CHARRIER.

Elle s'est laissée gagner par la fièvre de spéculation qui tient Paris...

LE MARQUIS.

Et elle a perdu. C'est à moi de payer : j'ai bon dos.

CHARRIER.

D'abord, vous n'êtes pas obligé de payer. Les engagements contractés par la femme...

LE MARQUIS.

Passons ! — Combien doit-elle ?

CHARRIER.

Cent mille francs.

LE MARQUIS.

Peste !

CHARRIER.

Elle ne vous les demande pas. Elle vous propose seulement de lui avancer la somme, et de lui retenir la moitié de
sa pension jusqu'à l'entier payement de sa dette, capital et
intérêts.

LE MARQUIS.

La proposition n'est pas acceptable ; mais ce sont là des
arrangements de famille qui se régleront mieux d'elle à moi
que par intermédiaire. Je pense qu'elle ne fera pas difficulté
de me recevoir : si son mari a eu des torts envers elle, son
oncle n'en a pas eu. Veuillez lui annoncer ma visite. — Dans
quelle escroquerie s'est-elle laissée prendre ?

CHARRIER.

Dans la banque territoriale de M. Vernouillet. Elle a
souscrit deux cents actions, sans me consulter...

LE MARQUIS.

Elle ne figurait pourtant pas au procès intenté par les
actionnaires.

CHARRIER.

Elle n'a pas cru devoir mêler votre nom aux débats de
cette sale affaire.

LE MARQUIS.

Je lui en sais bon gré.

CHARRIER.

D'ailleurs, il était probable que les actionnaires seraient
déboutés de leur demande ; Vernouillet est trop roué pour se
laisser prendre sans vert.

LE MARQUIS.

C'est un garçon d'esprit.

CHARRIER.

Vous le connaissez?

LE MARQUIS.

Pour l'avoir vu dans les salons de la haute finance.

CHARRIER.

Vous ne l'y verrez plus.

LE MARQUIS.

Et pourquoi? Il a gagné son procès.

CHARRIER.

Vous n'avez donc pas lu les considérants de l'arrêt? Ils sont terribles contre lui, même celui qui lui donne gain de cause. « Attendu toutefois que les manœuvres dudit Vernouillet ne constituent point un délit prévu par la loi... »

LE MARQUIS.

Du moment qu'il est en règle avec la loi, qu'avez-vous à dire? Ce pauvre diable n'a manqué qu'à l'honneur.

CHARRIER.

Eh bien?

LE MARQUIS.

Eh bien, l'honneur n'existe plus!

CHARRIER.

Monsieur le Marquis!

LE MARQUIS.

Vous l'avez avantageusement remplacé par la légalité. Il a bien encore dans sa juridiction la dette de jeu; mais que la loi la reconnaisse, et l'honneur restera les bras ballants devant le Code, comme l'ancienne machine de Marly devant la nouvelle.

CHARRIER.

Eh bien! vous verrez si Vernouillet n'est pas mis au ban de la société.

LE MARQUIS.

Bah! vous serez le premier à lui donner la main.

CHARRIER.

Moi!

LE MARQUIS.

Vous la donnez tous les jours à des gens qui ne valent pas mieux que lui.

CHARRIER.

Jamais!

LE MARQUIS, lui prenant la main.

Homme vertueux! — Je suis moins puritain que vous! (Il lui lâche la main et secoue ses doigts, après avoir passé à gauche, où il s'assied.) Mais permettez-moi d'admirer votre inconséquence. Vous êtes dans les meilleurs termes avec M. Barbançon, qui est une lourde bête...

CHARRIER.

C'est un honnête homme.

LE MARQUIS.

Le salueriez-vous s'il était pauvre?

CHARRIER.

S'il était pauvre, je ne le connaîtrais pas.

LE MARQUIS.

C'est donc uniquement sa position que vous connaissez et son argent que vous saluez. Eh bien! croyez-vous qu'il y ait bien loin de saluer l'argent d'un imbécile à saluer l'argent d'un fripon? — Contredisez-moi si vous pouvez, mais ne haussez pas les épaules. — Quant à moi, j'adore l'argent partout où je le rencontre; les souillures humaines n'atteignent pas sa divinité; il est parce qu'il est.

CHARRIER.

Mais, saprelote! il a toujours été, de votre temps comme du nôtre!

LE MARQUIS.

Permettez! de mon temps ce n'était qu'un demi-dieu. Ce qui m'amuse dans votre admirable révolution, c'est qu'elle ne s'est pas aperçue qu'en abattant la noblesse, elle abattait la seule chose qui pût primer la richesse. Quatre-vingt-neuf s'est fait au profit de nos intendants et de leurs petits; vous avez remplacé *aristocratie* par *ploutocratie*; quant à *démocratie*, ce sera un mot vide de sens tant que vous n'aurez pas établi, comme ce brave Lycurgue, une monnaie d'airain trop lourde pour qu'on puisse jouer avec. — Vous avez une réponse piquante à me faire?

CHARRIER.

Non, Monsieur, non.

LE MARQUIS.

Si fait; je le vois à vos mouvements nerveux. Ne vous gênez pas, mon cher. (Tirant sa montre.) J'ai encore un quart d'heure à vous donner.

CHARRIER.

Vous êtes trop bon.

LE DOMESTIQUE, venant de la droite.

M. Vernouillet fait demander si Monsieur peut le recevoir.

CHARRIER.

Non.

LE MARQUIS.

Avez-vous peur d'être obligé de lui donner la main devant moi?

CHARRIER, fièrement, au domestique.

Faites entrer!

SCÈNE V.

LE MARQUIS, assis, CHARRIER, VERNOUILLET.

CHARRIER, très-hautain.

Si vous avez à me parler, Monsieur, je suis désolé de ne pas être disponible pour le moment : je suis en affaire avec Monsieur.

VERNOUILLET, très-humble.

Il suffit, Monsieur. Je repasserai.

LE MARQUIS.

Mais non, je n'entends déranger personne. D'ailleurs nous avons terminé. Si je suis de trop...

VERNOUILLET.

Non, Monsieur.

CHARRIER.

Alors, Monsieur, faites vite, car je suis attendu.

VERNOUILLET.

C'est bien simple, Monsieur ; je m'occupe de réaliser ma fortune ; j'ai des fonds chez vous, et je viens vous prier...

CHARRIER.

Je vais donner l'ordre qu'on règle votre compte ; vous l'aurez dans un instant. Monsieur le Marquis, je suis votre serviteur.

Il sort par la gauche.

SCÈNE VI.

LE MARQUIS, assis. VERNOUILLET.

LE MARQUIS, à part.

Tu lui donneras la main, faquin, c'est moi qui te le dis. (Tirant sa montre.) Bah ! le cercle aura tort. J'ai ici de quoi m'amuser. (A Vernouillet, qui examine les tableaux par contenance.) Vous ne me reconnaissez pas, monsieur Vernouillet?

VERNOUILLET.

Pardon, Monsieur, mais je craignais de ne pas être reconnu moi-même.

LE MARQUIS.

A cause de votre procès? Il paraît bien que le cas n'était pas pendable... et d'ailleurs l'accueil rogue de ce bon M. Charrier m'a tout disposé en votre faveur.

VERNOUILLET.

Ah! Monsieur, je vous jure que mon seul but dans cette malheureuse spéculation était de faire un coup qui me mît à même de rester honnête homme.

LE MARQUIS.

En effet, cela ne vaut-il pas mieux pour un garçon de cœur que de passer sa vie à *carotter*, pour parler la langue de vos salons? On s'exécute une bonne fois, c'est pénible, mais on n'a pas à y revenir : voilà comme je comprends la probité.

VERNOUILLET.

Moi aussi. Malheureusement j'ai échoué au port.

LE MARQUIS.

En somme, de quoi vous plaignez-vous? Vous avez fait le saut périlleux : vous pouviez vous casser les reins, et vous en êtes quitte pour une entorse, ce qui prouve que vous êtes retombé sur vos pieds! (Se levant.) — Voyons, je suis quelquefois de bon conseil; ouvrez-moi votre cœur : quel est votre actif?

VERNOUILLET.

Huit cent mille francs!

LE MARQUIS.

Huit cent mille francs! Que parliez-vous d'honnêteté? Vous êtes de plain-pied avec la délicatesse... Quel est votre plan?

VERNOUILLET.

Je vais quitter la France.

LE MARQUIS.

Et pourquoi?

VERNOUILLET.

Vous avez vu l'accueil de M. Charrier. Je le trouve partout depuis huit jours!

LE MARQUIS.

Parbleu! vous vous présentez avec une mine penaude qui invite. Vous avez l'air en train d'avaler votre condamnation. Le niais l'avale, l'homme fort la crache. Il faut se faire un front qui ne rougisse plus. L'effronterie, voyez-vous, il n'y a que cela dans une société qui repose tout entière sur deux conventions tacites : *Primo*, accepter les gens pour ce qu'ils paraissent ; *Secundo*, ne pas voir à travers les vitres tant qu'elles ne sont pas cassées.

VERNOUILLET.

Mais, monsieur le Marquis, est-ce que les miennes ne le sont pas, cassées?

LE MARQUIS.

Fêlées seulement. Mais ne vous abandonnez pas, morbleu! L'œil provoquant, la voix haute : n'attendez pas les gens, ils ne viendraient pas à vous; n'allez pas au-devant d'eux, ils vous tourneraient le dos; marchez sur eux en leur tendant une main menaçante, et ils la prendront : Charrier tout le premier, ce qui m'amusera.

VERNOUILLET.

Vous croyez véritablement?...

LE MARQUIS.

J'en suis sûr. Vous rencontrerez peut-être quelque tempérament sanguin, quelque don Quichotte qui regimbera ; mais vous ferez un exemple, et tout sera fini.

VERNOUILLET.

Je tire assez bien l'épée.

LE MARQUIS.

Fi donc ! le duel n'est pas de votre temps. Mettez-vous tout bonnement sous la protection de la loi. Elle est admirable, la loi ! Elle n'admet pas le diffamateur à la preuve du fait... et voyez en effet où nous en serions, si pour vilipender impunément un honnête homme comme vous, il suffisait de prouver son dire.

VERNOUILLET.

Il n'y aurait plus de sécurité pour personne.

LE MARQUIS.

Que pour les imbéciles.

VERNOUILLET.

Et vous êtes sûr qu'on oubliera tout à fait ?...

LE MARQUIS.

Parbleu ! regardez Charrier : ne jouit-il pas de l'estime générale ?

VERNOUILLET.

Comment, Charrier ? Est-ce que ?...

LE MARQUIS.

Vous ne le saviez pas ? Vous voyez bien que cela s'oublie. Oui, il a gagné aussi son procès il y a quelque quinze ans, un procès qui est le pendant du vôtre. Qu'a-t-il fait ? Il a payé d'audace.

VERNOUILLET.

Et le voilà maire de son arrondissement !

LE MARQUIS.

Bientôt pair de France, dit-on... cela doit vous encourager !

VERNOUILLET.

Merci, monsieur le Marquis ! J'avais perdu mes étriers, vous me remettez en selle ! Je me retrouve, et morbleu !...

LE MARQUIS.

Vous saurez encore dominer la situation.

VERNOUILLET.

Rapportez-vous-en à moi. Le trajet que Charrier a fait en quinze ans, je le ferai, moi, en quinze jours.

LE MARQUIS.

Comment cela ?

VERNOUILLET.

Par le droit chemin.

LE MARQUIS.

C'est-à-dire par le plus court; c'est tout un... en mathématiques. Mais...

VERNOUILLET.

On m'a offert hier *la Conscience publique*. Qu'avais-je à faire d'une arme ? Je me croyais perdu sans ressource, j'étais ahuri, j'ai refusé. Mais elle n'est pas encore vendue. il ne tient qu'à moi de l'avoir... je l'aurai ! Et morbleu ! mes petits messieurs, les rôles vont changer !

LE MARQUIS.

C'est une idée de génie que vous avez là ! Ils achètent un journal comme nous achetions un régiment. Ah ! ah ! vous allez bien vous venger !

VERNOUILLET.

Me venger ? Allons donc ! La vengeance est un enfantillage de vaincu, et moi, je serai demain le maître du monde ! Je

m'empare, avec mon argent, de la seule force dont l'argent
ne disposât pas encore, de l'opinion! Je réunis dans ma
main les deux pouvoirs qui se disputaient l'empire, la finance
et la presse! Je les décuple l'une par l'autre, je leur ouvre
une ère nouvelle, je fais tout simplement une révolution.

LE MARQUIS.

Et moi qui vous donnais des conseils! C'est le pigeon qui
couve un épervier!

VERNOUILLET.

Non pas! Sans vous je me laissais étouffer; aussi ma reconnaissance...

LE MARQUIS.

Vous ne m'en devez pas. Je serai assez payé par votre
grandeur. J'aime à voir au pinacle les honnêtes gens comme
vous qui se sont enrichis par leur travail et leur intelligence:
c'est de bon exemple; c'est l'honneur de notre temps et la
consolation de ma vieillesse.

SCÈNE VII.

LE MARQUIS, CHARRIER, VERNOUILLET.

CHARRIER, à Vernouillet.

Voici votre compte, Monsieur, vous pouvez vous présenter
à la caisse.

VERNOUILLET.

Merci.

CHARRIER.

Vous êtes encore là, monsieur le Marquis?

LE MARQUIS.

Ma foi, oui. Je me suis attardé à faire un peu ma cour à
M. Vernouillet.

CHARRIER.

Votre cour?

LE MARQUIS.

Tel que vous le voyez, M. Vernouillet va devenir une puissance.

VERNOUILLET, à Charrier.

M. le marquis plaisante; mais, véritablement, si je puis vous être utile, j'en serai charmé.

CHARRIER.

Ah çà! Messieurs, que signifie?...

LE MARQUIS, allant à Vernouillet.

Cela signifie que vous voyez l'acquéreur de *la Conscience publique*.

CHARRIER.

Bah!

VERNOUILLET.

Oui, mon cher monsieur Charrier; c'est pour payer que je réalise ma fortune.

LE MARQUIS, à Charrier.

Vous honoriez en lui la vertu toute nue, vous en serez récompensé. Adieu, Messieurs, je suis en retard d'une heure sur mon rendez-vous; mais je n'ai pas perdu mon temps. (A part, en sortant.) Crève donc, société!

Charrier reconduit le marquis jusqu'à la porte de droite.

SCÈNE VIII.

VERNOUILLET, CHARRIER.

VERNOUILLET.

J'ai été fort attaqué dans ces derniers temps; mais je sais que vous m'avez toujours défendu, et je vous en suis profondément reconnaissant.

CHARRIER.

Mon Dieu, je n'ai pas eu beaucoup d'occasions de vous défendre...

VERNOUILLET.

Mais vous n'en avez pas laissé échapper une, j'en suis sûr; et un mot de votre bouche a plus d'autorité que toutes les calomnies. (Lui tendant la main.) C'est entre nous à la vie à la mort. (Charrier lui donne la main en regardant instinctivement la porte par où est sorti le marquis.) Ah çà! mon cher, je ne suis pas un faiseur de vaines protestations : en quoi puis-je vous servir?

CHARRIER.

Non, mon cher... ma conduite envers vous a été ce qu'elle devait être, et je n'en veux pas de récompense.

VERNOUILLET.

Pas d'enfantillage, mon ami; vous ajouterez à ma reconnaissance en m'offrant une occasion de vous la témoigner.

Il s'assied à gauche de la table.

CHARRIER, à part.

Il est plein de cœur!

VERNOUILLET.

Parlez. J'ai quelques fidèles à servir, mais je veux commencer par vous.

CHARRIER, s'asseyant à droite de la table.

C'est que je ne vois pas trop...

VERNOUILLET.

Je sais de bonne source qu'il est question de vous pour la pairie. Le roi résiste, mais nous lui forcerons la main.

CHARRIER.

Comment cela?

VERNOUILLET.

En lui assenant un bon article contre la Chambre des

pairs, où l'on ne fourre que des hommes hors d'âge et de service, au détriment des gens comme vous qui unissent l'expérience à l'activité. Cela vous va-t-il?

CHARRIER.

Il n'en faudrait peut-être pas davantage...

VERNOUILLET.

Eh bien! c'est dit... Ne me remerciez pas, c'est encore moi qui serai votre obligé, je vous le répète.

Ils se lèvent.

CHARRIER, lui serrant la main.

Plein de cœur!

VERNOUILLET.

Je vous quitte: il faut que je passe à la caisse.

CHARRIER.

N'en prenez pas la peine, je vous enverrai la somme chez vous.

VERNOUILLET.

Non, non. Je vais la prendre en sortant.

UN DOMESTIQUE, annonçant de la droite.

M. le vicomte et Mme la vicomtesse d'Isigny.

VERNOUILLET.

Candidats perpétuels à l'Académie française!

Il se trouve entre la cheminée et la table.

SCÈNE IX.

CHARRIER, VERNOUILLET, LA VICOMTESSE,
LE VICOMTE.

VERNOUILLET.

Désolé, Madame, de sortir quand vous entrez; mais les affaires commandent, et je pars...

LA VICOMTESSE.

Pour la Belgique? (Allant à Charrier.) Vous êtes étonné de ma

visite, cher Monsieur? Voilà ce que c'est : M. d'Isigny avait
à vous parler de je ne sais quoi, et je suis montée avec lui
pour vous inviter à mon bal du 3.

CHARRIER.

C'est trop d'honneur, belle dame.

Il lui baise la main.

LA VICOMTESSE.

Ne vous pressez pas d'en tirer vanité! Ce n'est pas à vous
spécialement que je tiens, on a toujours assez de whisteurs,
mais à votre charmante fille et à votre mauvais sujet de fils,
un des derniers jeunes gens qui dansent encore.

CHARRIER.

Il vous remerciera lui-même, Madame.

Il va tirer un cordon de sonnette à la cheminée. La vicomtesse s'assied
à gauche de la table.

VERNOUILLET, à part.

Pimbêche, va! Son mari est vicomte comme moi... Je te
remettrai au pas!

CHARRIER, à un domestique qui entre de la gauche.

Priez M. Henri et mademoiselle de venir.

VERNOUILLET, à Charrier.

Adieu, mon ami. (Il lui serre la main. — Au vicomte en lui tendant la main.)
Au revoir, cher vicomte. (Le vicomte lui serre la main.) Madame...

Il sort par la droite.

SCÈNE X.

CHARRIER, LA VICOMTESSE, assise, LE VICOMTE.

LA VICOMTESSE, au vicomte.

Comment osez-vous donner la main à cette espèce?

LE VICOMTE.

Dame! j'ai vu que M. Charrier la lui donnait...

LA VICOMTESSE.

Les hommes sont lâches !

CHARRIER.

Mon Dieu ! Madame, à tout péché miséricorde.

LA VICOMTESSE.

Eh bien ! moi, je suis moins pitoyable. C'est avec ces indulgences-là, Messieurs, que les honnêtes gens se laissent déborder par les fripons.

LE VICOMTE.

Il est certain que si nous ne serrons pas les rangs, nous finirons par marcher pêle-mêle avec les maraudeurs et les goujats.

CHARRIER.

Permettez. Vernouillet n'est pas un homme ordinaire.

LA VICOMTESSE.

Ali-Baba non plus.

CHARRIER.

S'il y a quelques petites choses à dire sur la source de sa fortune, je parierais qu'il en fera du moins un bon usage. Il a déjà commencé..... Il vient d'acheter *la Conscience publique*.

LE VICOMTE.

Le journal ?

CHARRIER.

Oui.

LE VICOMTE, à part.

Ah ! mais, ça devient un homme à ménager.

UN DOMESTIQUE, de la droite.

M. de Sergine.

SCÈNE XI.

CHARRIER, SERGINE, LA VICOMTESSE, LE VICOMTE.

CHARRIER.

Bonjour, Sergine. Est-ce pour moi que vous venez, ou pour mon fils?

SERGINE.

Aujourd'hui c'est pour Henri.

CHARRIER.

Je viens justement de le faire appeler.

LA VICOMTESSE.

Monsieur de Sergine!

SERGINE, serrant la main à la vicomtesse.

Vous allez bien, Madame?

LE VICOMTE.

Que dites-vous de la grande nouvelle?

SERGINE.

Je dis que je ne la sais pas.

LA VICOMTESSE.

Votre journal est vendu.

SERGINE.

Ah! ce pauvre Deschamps a donc enfin trouvé un acquéreur? J'en suis bien aise. Le nom de mon nouveau chef?

CHARRIER.

Vernouillet.

SERGINE.

Vernouillet!

LE VICOMTE.

Eh bien! qu'en dites-vous cette fois?

SERGINE.

Je dis que Deschamps a fait une mauvaise action et donné
un exemple funeste. Si les journalistes ne constituent pas un
conseil de l'ordre, comme les avocats, la presse est perdue.

CHARRIER.

Oh ! perdue !

SERGINE.

Comment ! voilà un homme qui ne pourrait pas acheter
une charge de notaire, d'avoué ou d'agent de change, parce
que ces diverses professions ont un conseil de discipline qui
veille à l'honneur de la compagnie, et il peut acheter un
journal... sur le comptoir, comme un petit pâté ? On livre cette
arme terrible au plus offrant et dernier enchérisseur, et les
journalistes laissen tfaire ! Au surplus, ce qui m'étonne,
c'est que cet envahissement de la presse par la finance n'ait
pas commencé plus tôt.

LA VICOMTESSE, froidement.

Vous avez reçu votre invitation pour le 3 ?

SERGINE.

Oui, Madame ; je vous remercie.

LA VICOMTESSE, au vicomte.

Venez, mon ami. — Adieu, Messieurs.

Ils sortent par la droite.

SCÈNE XII.

CHARRIER, SERGINE.

SERGINE.

On dirait que je fais fuir la vicomtesse. Est-ce que M. Vernouillet serait de ses amis ?

CHARRIER.

Vous avez la parole légère, mon cher.

SERGINE.

Je l'ai franche.

CHARRIER.

Ce n'est pas moi qui vous détournerai de la franchise, j'en fais profession moi-même; mais, que diable! il y a des occasions où il faut se borner à être franc *in petto*. Quoi que vous pensiez de Vernouillet, vous allez vous trouver avec lui dans des relations forcées et, disons-le, inégales...

SERGINE.

Mon cher monsieur Charrier, je n'ai jamais été dans la dépendance de personne, et je n'y serai jamais. Je ne mets pas ma plume au service d'un journal, je mets un journal au service de mes idées. Le jour où ce Vernouillet voudra déshonorer *la Conscience publique*, je chercherai l'hospitalité ailleurs.

CHARRIER.

Rien de mieux, mais d'ici là?

SERGINE.

D'ici là, soyez tranquille, je le tiendrai poliment à distance.

SCÈNE XIII.

CHARRIER, HENRI, SERGINE.

HENRI, à Sergine.

Bonjour, mon cher. — Tu m'as fait appeler, père?

CHARRIER.

Oui, mais tu viens trop tard; la vicomtesse voulait t'inviter elle-même à son bal : elle est partie.

HENRI.

J'en suis au désespoir. M. le vicomte était avec elle?

CHARRIER.

Sans doute.

HENRI.

Mon désespoir redouble. J'ai manqué la fleur de l'aristocratie. Tu sais, Sergine, qu'on leur a contesté leur noblesse...
des envieux! Mais on a été aux sources, et l'on a reconnu que
le vicomte est bien réellement d'Isigny, à preuve que son
grand'père y vendait du beurre.

CHARRIER.

Tu m'ennuies. Tu ne te plais qu'à critiquer les gens que je
reçois chez moi.

HENRI.

Reçois-en d'autres.—A propos, j'oubliais... on te demande
à la caisse.

CHARRIER.

Que ne le disais-tu tout de suite! Bonjour, Sergine. (En s'en
allant.) Il faut que ce garçon-là dise des sottises quand il n'en
fait pas.

(Il sort par la gauche.)

SCÈNE XIV.

HENRI, SERGINE.

HENRI, à demi-voix.

Eh bien?

SERGINE.

Je quitte Villefort; il déclare qu'en parlant des banquiers
il ne faisait pas la moindre allusion à ton père, pour qui d'ailleurs il professe le plus grand respect, et il te le répétera
lui-même ce soir au cercle, devant témoins.

HENRI.

C'est un capon, parce que l'allusion était manifeste; mais

tout est pour le mieux. Je regrettais presque la démarche
que je t'avais demandée; la réputation d'un honnête homme
ressemble à celle d'une honnête femme : on la compromet en
se battant pour elle. Je ne t'en remercie pas moins.

SERGINE.

Tu sais à quel point je suis à ton service.

HENRI.

Ah! pardieu, pas plus que moi au tien. Je n'aime pas les
phrases sentimentales, mais j'éprouve le besoin de te dire...

SERGINE.

Quoi?

HENRI.

Non, c'est bête comme une romance. Enfin je suis flatté
d'être ton ami, cela me donne une bonne idée de moi-même.

SERGINE.

Il paraît que tu t'en fais une de moi exorbitante.

HENRI.

J'ai même un projet dont il faut que je te parle, un projet
que je caresse depuis quelque temps dans la solitude du
cigare. — Comment trouves-tu ma sœur? Tu rougis! Bravo!
Tu l'aimes! je m'en doutais!

SERGINE.

Quelles folies dis-tu là?

HENRI.

Je me charge du consentement de mon père, charge-toi
de celui de Clémence. Le mot devant lequel je reculais tout
à l'heure, grâce à ce mariage-là, ne sera plus ridicule... mon
frère!

SERGINE, tombant sur un fauteuil.

Mon brave Henri!

HENRI.

Qu'est-ce que tu as donc?

SERGINE.

Je suis touché jusqu'aux larmes de ce que ton amitié rêve pour moi, mais c'est impossible !

HENRI.

Pourquoi donc?

SERGINE.

J'aime ta sœur, je ne m'en défends pas, et j'avais besoin de cette explication, car je ne savais sous quel prétexte cesser mes visites ici sans affliger ton amitié.

HENRI.

Mais morbleu ! pourquoi les cesser?

SERGINE.

Parce que je dois oublier ta sœur, mon ami... je ne suis pas libre.

HENRI.

Mais du moment que tu aimes Clémence, tu n'aimes plus la marquise, et dès lors je ne vois pas...

SERGINE.

Le lien n'en subsiste pas moins. La marquise n'est pas une femme que j'aie rencontrée libre et qui n'ait rien eu à sacrifier pour se donner à moi.

HENRI.

Comment?

SERGINE, se levant.

Après ton ouverture fraternelle, je te dois toute la verité. Mon intimité avec la marquise est antérieure à sa séparation ; elle en est la seule cause.

HENRI.

Bah !

SERGINE.

Le marquis avait des soupçons depuis quelque temps : il surveilla, et bientôt il eut des preuves.

HENRI.

Et il ne t'a pas tué, ce bretteur?

SERGINE.

Il entra chez moi un matin, très-pâle et vieilli de dix ans. « Monsieur, me dit-il, vous êtes l'amant de ma nièce; ne niez pas! Je ne peux pas vous tuer sans déshonorer une D'Auberive; c'est ce qui vous sauve la vie. J'ai droit de disposer de vous : partez et faites un voyage de trois mois. » C'est alors que j'allai à Florence où je te rencontrai. A mon retour, la marquise était séparée de son mari; il avait manqué à sa femme devant témoins, et avait exigé qu'elle lui intentât un procès en séparation. L'honneur était sauf.

HENRI.

Tiens, tiens! Le voltigeur de Louis XIV remonte dans mon estime. Mais pourquoi n'a-t-il pas purement et simplement pardonné à la marquise ?

SERGINE.

Il le lui a offert : elle a bravement refusé. Tu vois qu'elle m'a tout sacrifié.

HENRI.

Elle t'a tout sacrifié; mais en somme elle n'a rien perdu.

SERGINE.

Hélas! le monde, en nous amnistiant, a créé entre nous un lien plus indissoluble que le mariage même. La condition tacite de sa tolérance, c'est la perpétuité de notre liaison : le jour où en se rompant elle deviendrait une aventure vulgaire, tout le scandale en suspens sur la tête de la pauvre femme tomberait tout à coup sur elle et l'écraserait. — Et maintenant, crois-tu que j'aie le droit de l'abandonner?

HENRI.

Non.

SERGINE.

Tiens ! ne parlons plus de cela, n'en reparlons jamais. Il ne faut pas toucher à une plaie quand on veut qu'elle se cicatrise. Je ne viendrai plus ici, viens chez moi... viens souvent... (La porte de gauche s'ouvre.) Ta sœur, adieu.

Clémence, en voyant Sergine, s'arrête sur la porte ; Sergine la salue froidement et sort.

SCÈNE XV.

CLÉMENCE, HENRI.

CLÉMENCE.

Eh bien ?

HENRI, à part.

Tranchons dans le vif. (Haut.) Ma pauvre enfant, c'est moi qui avais raison ; il ne songe pas à toi. Il en aime une autre.

CLÉMENCE, après un silence.

Qui ?

HENRI.

Il ne me l'a pas nommée. C'est une jeune fille du faubourg Saint-Germain qu'il ne peut épouser. (Clémence s'assoit sur la chaise à gauche de la table, et pleure silencieusement dans son mouchoir. Henri s'agenouille devant elle et l'entoure de ses bras.) Voyons, ma chérie, ne pleure pas... tu me fends le cœur. Nous te trouverons un mari digne de toi, quand je devrais l'aller chercher au bout du monde. Mais ne pleure pas, petite sœur, je t'en prie. (Pleurant à moitié.) Je t'aime bien, moi ! (Clémence l'embrasse au front, se lève et sort lentement par la gauche ; Henri la suit des yeux.) S'il ne peut pas quitter la marquise, c'est la marquise qui le quittera.

Il prend son chapeau et sort.

FIN DU PREMIER ACTE.

ACTE DEUXIÈME

Le boudoir de la marquise. Cheminée au fond avec du feu ; porte à droite et à gauche ; un canapé à droite de la cheminée tournant le dos à la porte d'entrée. Un fauteuil à gauche de la cheminée faisant face au canapé. Deux fauteuils sur le devant à gauche, un fauteuil sur le devant à droite.

SCÈNE PREMIÈRE.

SERGINE, LA MARQUISE.

La marquise, assise sur le canapé, travaillant à un métier à broder. Sergine entre par la droite et pose son chapeau au fond.

LA MARQUISE, cachant sa tapisserie.

Bonjour, Albert.

SERGINE.

Que cachez-vous là ?

LA MARQUISE.

Au fait, c'est presque fini, vous pouvez voir.

SERGINE.

Une charmante tapisserie.

LA MARQUISE.

C'est une chaise. Devinez pour qui.

SERGINE.

Mon chiffre brodé dans l'écusson semble indiquer que j'en suis le héros. Voilà une aimable surprise, Charlotte. Où avez-vous pris le temps de faire tous ces petits points ?

LA MARQUISE.

J'y travaille quand vous n'êtes pas là. J'ai commencé il y
a huit jours, et vous voyez, j'ai fini... Et vous, avancez-vous?

SERGINE, s'asseyant dans le fauteuil près de la cheminée.

J'ai achevé le dernier article de la série : reste à savoir
dans quel journal cela paraîtra.

LA MARQUISE.

Pourquoi pas dans *la Conscience publique?*

SERGINE.

Elle a changé de propriétaire, et je doute fort que le nou-
vel exploiteur soit dans mes idées.

LA MARQUISE.

Qui est-ce?

SERGINE.

Une espèce de banquiste nommé Vernouillet.

LA MARQUISE.

Ah! le vilain homme!

SERGINE.

Vous le connaissez?

LA MARQUISE.

J'ai payé pour le connaître.

SERGINE.

Bah! vous seriez-vous laissée prendre à sa banque?

LA MARQUISE.

Vous êtes l'homme du monde que cela regarde le moins,
mon cher Albert.

SERGINE.

Permettez cependant; en général je tiens autant à ignorer
vos affaires d'argent que vous à me les cacher; mais le jour
où vous seriez dans l'embarras...

LA MARQUISE.

Merci, mon ami. Mais rappelez-vous qu'un jour vous aussi vous vous êtes trouvé dans l'embarras et que vous avez refusé mes services... assez vertement même. Au surplus, rassurez-vous; il s'agit d'une bagatelle, et je suis en mesure. Mais ne rengaînez pas votre obligeance, je vous prie; je vais la mettre à une autre épreuve... plus rude peut-être.

SERGINE.

Parlez.

LA MARQUISE.

J'ai besoin de votre bras pour aller ce soir à *Guillaume Tell*.

SERGINE.

C'est là cette épreuve terrible ?

LA MARQUISE.

Je vous demande pardon de mon importunité, mais votre présence à l'Opéra est tout à fait nécessaire.

SERGINE.

J'en suis charmé ; mais pourquoi ?

LA MARQUISE.

Tout simplement pour m'ôter un petit air de femme négligée, que vous me laissez prendre depuis quelque temps. Rassurez-vous, mon cher Albert : je ne prétends pas attenter à votre liberté ; je respecte votre travail, je respecterais même vos plaisirs. Tout ce que je vous demande, c'est de ne pas augmenter les difficultés de ma situation par vos apparences de froideur.

SERGINE.

J'en serais d'autant plus désolé, Marquise, que ce seraient des apparences bien menteuses ; mais je ne pense pas les avoir.

4

LA MARQUISE.

Cependant les femmes commencent à me plaindre à demi-mot, ce qui est mortifiant pour moi, et les hommes à me faire la cour, ce qui devrait être inquiétant pour vous.

SERGINE, accoudé à la cheminée.

Je ne vous fais pas l'injure d'être jaloux.

LA MARQUISE, se levant.

Savez-vous bien, mon ami, que sans vous en apercevoir vous tournez singulièrement au mari?

Elle s'accoude à la cheminée, en face de Sergine.

SERGINE.

Notre alliance n'est-elle pas en effet un mariage?

LA MARQUISE, souriant tristement.

Oui, dont vous n'avez pas les charges et dont je n'ai pas les priviléges. J'ai perdu jusqu'au droit de coqueter le plus innocemment du monde, car la sévérité de mon attitude doit prouver incessamment que, si j'avais rencontré Sergine plus tôt, je n'aurais jamais failli; je n'ai pas même le droit de crier que je m'ennuie, ce droit dont abusent les femmes mariées, car ma faute perd sa seule excuse le jour où elle cesse de remplir mon existence... et si vous devenez mon ami, que me reste-t-il à moi? La supériorité du mariage, c'est que la passion s'en retirant laisse derrière elle des liens très-doux et très-forts, ne fût-ce, pour tout mettre au pis, que la communauté d'intérêts et d'ambition; mais dans une alliance comme la nôtre que laisse-t-elle après soi? Le néant.

SERGINE.

En sommes-nous là, Charlotte?

LA MARQUISE.

Non, mais nous nous y acheminons. Et quand l'évolution

de nos cœurs sera accomplie, que deviendrai-je ? (Elle descend à
gauche.) Tenez, j'ai des jours de désespoir où je songe à la
retraite, et des moments de folie où j'ai envie de jeter mon
bonnet par-dessus les moulins.

SERGINE.

Pourquoi vous tourmenter ainsi ? ce que vous prévoyez ne
se réalisera jamais, du moins par mon fait, je vous le jure.

LA MARQUISE.

Vous avez raison. Je suis absurde. — Puisque vous me
conduisez à l'Opéra, voulez-vous dîner avec moi ? Êtes-
vous libre ?

Elle va porter son métier au fond à droite.

SERGINE.

Non, mais je peux me libérer.

LA MARQUISE.

Vous cherchez votre chapeau ? vous l'avez mis là il y a un
quart d'heure... en entrant.

SERGINE.

Injuste que vous êtes! Je ne vous quitte que pour être à
vous toute la soirée.

Il lui serre la main et sort par la droite.

<h1 align="center">SCÈNE II.</h1>

LA MARQUISE, seule, assise sur le canapé.

Quelle situation! Quelle impasse ! Ma faute est devenue un
devoir; ma fidélité à Sergine est tout ce qu'il me reste
d'honneur... et je ne sais plus si je l'aime! Chose horrible à
dire, il m'ennuie avec son respect inaltérable! Il y a des
moments où j'ai envie de lui crier: mais bats-moi donc,
chevalier Grandisson !

UNE FEMME DE CHAMBRE, venant de la droite.

Madame reçoit-elle ?

LA MARQUISE.

Qui ?

LA FEMME DE CHAMBRE.

M. Henri Charrier.

LA MARQUISE.

Je n'y suis pas.... (La rappelant) Julie !...

LA FEMME DE CHAMBRE.

Madame ?

LA MARQUISE.

Priez-le de m'attendre, et venez me mettre une robe.

Elle sort par la gauche.

LA FEMME DE CHAMBRE.

Veuillez entrer, Monsieur : Madame vous prie de l'attendre un moment.

Elle suit sa maîtresse.

HENRI, entrant.

J'attendrai.

SCÈNE III.

HENRI, seul.

Tout vient à point à qui sait attendre. (S'approchant du guéridon, où il trouve *la Conscience publique.*) Naturellement. — Voilà ses livres... Dis-moi qui tu hantes, je te dirai qui tu es. (Prenant les livres.) *L'Imitation... la Physiologie du mariage... le Contrat social... les Harmonies...* Me voilà bien renseigné ! —Une bizarrerie assez fréquente chez les femmes du monde, me disait un vieil habitué de l'Opéra, c'est d'aimer à être traitées comme ces demoiselles. Pourquoi s'en étonne-t-on,

ajoutait-il, tandis qu'on ne s'étonne pas que ces demoiselles aiment à être traitées comme des femmes du monde?
C'est le même esprit de révolte de part et d'autre, toujours
le péché d'Ève qui agit en sens inverse, les points de départ
étant contraires; et les unes doivent être curieuses d'irré-
vérence comme les autres de respect. Et l'indulgent vieillard
ajoutait : Il n'y a que deux catégories de femmes, mon enfant : les mères qui sont la caste sainte, une et indivisible...
et les petites dames. Quant aux femmes à une seule chute,
elles sont rares comme le Niagara; la plupart tombent en
cascade, de curiosité en curiosité. Philosophe aimable, mo-
raliste bienveillant !... Il en est mort. (Entre la marquise.) Sapristi ! qu'elle est belle !

SCÈNE IV.

LA MARQUISE, HENRI.

LA MARQUISE.

Pardonnez-moi, monsieur Henri, de vous avoir fait attendre. J'étais encore en habit du matin, et vous n'êtes pas un
homme qu'on puisse recevoir en ami.

Elle s'assied sur le canapé; Henri s'y place à sa droite.

HENRI.

Pourquoi donc cela, Madame?

LA MARQUISE.

Il faut bien que les femmes du monde vous traitent en
ennemi, puisque vous n'êtes pas de leur camp.

HENRI.

Il y en a donc un autre?

LA MARQUISE.

Plein de comparaisons terribles pour nous.

HENRI.

Je vous répondrais que vous les défiez toutes, si vous ne
le saviez pas aussi bien que moi.

LA MARQUISE.

Vous devenez galant. (Henri tire son mouchoir.) Votre mouchoir
embaume! Comment va votre sœur? il y a une éternité que je
ne l'ai vue. Est-ce sur sa toilette que vous avez rencontré
ce parfum-là?

HENRI.

Oh! pas du tout.

LA MARQUISE.

Les honnêtes femmes n'ont pas le secret de ces aromes
étranges... Où se procure-t-on cela? chez Guerlain?

HENRI.

Permettez-moi, Madame, de vous en envoyer un flacon.

LA MARQUISE, souriant.

Non, donnez-moi l'adresse de votre parfumeur.

HENRI.

Comme c'est amusant, n'est-ce pas, de mettre un pauvre
homme entre une réponse inconvenante et des faux-fuyants
maladroits! Mais prenez garde : avec moi il n'y a pas de
plaisir à ce jeu-là. Dès qu'on m'éclabousse je me jette à
l'eau, comme dit... mon parfumeur.

LA MARQUISE.

Ces demoiselles ont donc de l'esprit?

HENRI.

Un aimable enjouement, voilà tout.

LA MARQUISE.

Je voudrais bien savoir si ces créatures-là s'attachent.

HENRI.

Ma foi, Madame, vous êtes plus curieuse que moi ; je ne
le leur ai jamais demandé.

LA MARQUISE.

Et vous autres, les aimez-vous ?

HENRI.

Beaucoup... par-ci par-là.

LA MARQUISE, se levant et allant à la cheminée.

Fi ! vous êtes affreux !

HENRI.

On élève si mal les jeunes gens aujourd'hui !

LA MARQUISE.

Ce sont bien eux qui s'élèvent eux-mêmes. Pourquoi
fuient-ils la société des femmes comme il faut ?

HENRI.

Elles sont trop sévères.

LA MARQUISE.

Vous n'en savez rien.

HENRI.

Je le leur ai entendu dire.

LA MARQUISE, riant.

Vous êtes un impertinent, mon cher Monsieur ; vous
croyez-vous ici chez mamselle... mamselle ?...

HENRI.

Vous voulez savoir son nom ?

LA MARQUISE.

Vous êtes insupportable, je voulais qu'il vous échappât.
Ça m'aurait amusée de me la faire montrer dans le ballet ;
car elle en est, je suppose ?

HENRI.

Mieux que cela, Madame; elle danse des pas qui me couvrent de gloire.

LA MARQUISE.

Est-elle jolie?

HENRI.

Entre deux, mais très-drôle, avec des mains de duchesse. Je ne sais pas où elle se les est procurées.

LA MARQUISE, jouant avec ses cheveux.

Vous attachez du prix aux belles mains?

HENRI.

Oui, je vois bien; les vôtres sont admirables.

LA MARQUISE.

Je ne vous les montrais pas.

HENRI.

Pardon, je l'ai cru.

LA MARQUISE, descendant à gauche.

Vous êtes un fat.

HENRI, se levant.

Quelle fatuité y a-t-il? Ne montrait-on pas à Tantale de beaux fruits qui n'étaient pas pour ses lèvres? Il n'en était pas plus fier, allez!

LA MARQUISE.

Vous avez un tour d'esprit singulier qui me choque et me plaît. Vous êtes meilleur que vous ne croyez.

HENRI.

Oui, j'aurais peut-être valu quelque chose si j'étais tombé en de certaines mains...

LA MARQUISE.

Maintenant encore, sous cette couche d'ironie, je suis sûre qu'en cherchant bien...

HENRI.

Connaissez-vous quelqu'un qui voudrait se donner la peine
de chercher ?

LA MARQUISE, retournant s'asseoir près de la cheminée.

Manque-t-il de femmes qui soient tentées par le rôle
d'ange gardien ?

HENRI.

C'est que je ne voudrais pas être gardé par le premier
ange venu. Je suis très-maniaque. D'abord il est inutile de
se présenter si l'on n'a pas les cheveux châtains et les yeux
noirs.

LA MARQUISE, froidement.

Avez-vous vu votre ami Sergine, ces jours-ci ?

HENRI, interdit.

Oui, Madame. (A part.) J'ai peut-être été trop vite.

UN DOMESTIQUE, annonçant de la droite.

M. Vernouillet.

LA MARQUISE.

Que veut cet homme ?

HENRI.

Faites serrer l'argenterie.

Il fait un pas vers la droite pour sortir.

LA MARQUISE.

Restez donc !

SCÈNE V.

LA MARQUISE assise, HENRI, VERNOUILLET.

VERNOUILLET.

Excusez-moi, madame la Marquise, de me présenter chez
vous sans presque avoir l'honneur d'être connu de vous.

LA MARQUISE, *sèchement.*

Pardonnez-moi, Monsieur, vous l'êtes parfaitement. Vous venez sans doute me parler d'affaires?

VERNOUILLET.

Oui, Madame.

LA MARQUISE.

Veuillez vous asseoir.

Elle lui montre le canapé; Vernouillet s'y assied.

HENRI.

Adieu, Madame.

LA MARQUISE.

Vous êtes bien pressé! Dites à votre sœur qu'elle est une vilaine de me négliger comme elle fait.

HENRI.

Si vous vouliez me permettre de réparer ses négligences?

LA MARQUISE.

Commencez par réparer les vôtres... Vous avez un long arriéré avec moi.

HENRI.

Je ne demande qu'à me mettre au courant.

Il lui baise la main.

LA MARQUISE.

On se croirait à Versailles.

HENRI.

C'est tout ce que je voudrais ressusciter de l'ancien régime. Je déteste votre poignée de main anglaise; c'est une hypocrisie brutale; tandis que le baise-main... c'est toujours cela de pris.

LA MARQUISE.

Sur l'ami. A bientôt, n'est-ce pas?

HENRI.

Merci... (A part, en sortant.) C'est égal, cette marquise-là, ce
n'est pas le Niagara !

Il sort par la droite.

SCÈNE VI.

LA MARQUISE, VERNOUILLET.

LA MARQUISE.

Parlez, Monsieur.

VERNOUILLET.

Je serai bref, Madame. Vous devez cent mille francs à la
caisse territoriale; voici votre quittance.

LA MARQUISE.

Je ne suis pas encore en mesure, mais demain...

VERNOUILLET.

Je me suis mal expliqué. C'est une restitution que je vous
fais. Vous avez perdu cent mille francs par ma faute; je vous
les rapporte.

LA MARQUISE.

Quoi! Monsieur...

VERNOUILLET.

Cela vous étonne, Madame? J'ai été si calomnié! Mais,
soyez-en sûre, dans cette désastreuse affaire, il n'y a eu de
ma part que mauvaise gestion, et non mauvaise foi. Je m'ap-
prêtais à en donner une preuve éclatante en remboursant
tous mes actionnaires, quand ils m'ont intenté cet odieux
procès. La restitution devenait impossible devant une accusation d'escroquerie; c'eût été me condamner moi-même; et
comme je me devais alors de soutenir la lutte, je me dois
aujourd'hui d'user rigoureusement de mon droit contre des

gens qui ont voulu me déshonorer. Vous seule, Madame, ne vous êtes pas jointe à mes ennemis; vous seule avez voulu rester la créancière de ma conscience, et vous voyez que vous n'y avez rien perdu.

LA MARQUISE.

En vérité, Monsieur, voilà un trait qui vous honore... mais je ne sais si je peux accepter...

VERNOUILLET, se levant.

Pourquoi donc pas? La loi ne m'a pas adjugé votre argent comme celui des autres : il est encore à vous. (Il lui remet la quittance.) Et si vous saviez quelle joie j'éprouve à vous le restituer, à vous montrer ainsi que votre estime ne s'était pas trompée...

LA MARQUISE, se levant et mettant la quittance sur la cheminée.

Mon Dieu! Monsieur, j'avoue à ma honte...

VERNOUILLET.

De grâce, n'achevez pas; si ce n'est pas par confiance en ma délicatesse que vous vous êtes abstenue, laissez-le-moi croire! Cette illusion, si c'en est une, a été ma consolation et mon courage pendant cette horrible lutte. Aussi ne saurais-je vous dire à quel point je vous suis dévoué; mais j'espère bien vous le prouver avant peu.

LA MARQUISE.

Comment cela?

VERNOUILLET.

En attelant mon journal à la fortune de M. de Sergine.

LA MARQUISE.

Monsieur!... vous avez le dévouement un peu bien familier.

VERNOUILLET.

C'est vrai; je me sens si complétement à vous que j'agis comme si vous le saviez. Pardon!

LA MARQUISE.

Après cela, il faut vous mettre à la porte, ou vous remercier. (Lui tendant la main.) Je vous remercie.

VERNOUILLET.

Voilà une poignée de main qui double mes forces. C'est bien vrai que tout notre courage nous vient des femmes. Tout ce que nous sommes, c'est à elles que nous le devons. Ce sentiment vous étonne de ma part?

LA MARQUISE.

Non, Monsieur.

VERNOUILLET.

Vous êtes trop polie pour en convenir; mais je suis bien sûr que vous me prenez pour un cœur desséché par les chiffres.

LA MARQUISE.

Je vous avoue que je n'ai pas d'opinion bien arrêtée à ce sujet.

VERNOUILLET.

C'est-à-dire que cela vous est fort égal. Cependant je vous suis tout acquis... N'êtes-vous pas un peu curieuse de connaître votre acquisition?

LA MARQUISE.

Si cela peut vous être agréable.

VERNOUILLET.

Franchement, oui, j'y tiens. Trouvez-vous mauvais qu'ayant une place dans votre estime, je désire encore un coin dans votre sympathie? Je n'en suis peut-être pas aussi indigne que vous pouvez le croire. Mon enseigne est trompeuse : je ne suis rien moins qu'un spéculateur.

LA MARQUISE.

Vous commencez à m'intriguer. Parlez.

VERNOUILLET.

Vous le savez, le roman de l'ancien régime, c'était un roturier épris d'une fille de qualité, qui s'élevait jusqu'à elle en s'illustrant; le roman de nos jours, c'est un jeune homme pauvre épris d'une fille riche, qui, pour rapprocher les distances, a cherché à s'enrichir.

LA MARQUISE.

C'est peut-être moins chevaleresque, mais, au fond, c'est toujours le même roman.

VERNOUILLET.

Eh bien! Madame, c'est toute mon histoire. J'aime, voilà le secret de mon ambition.

LA MARQUISE.

Et vous êtes aimé sans doute?

VERNOUILLET.

Non. Par une bizarrerie de mon caractère, celle que j'aime ne me connaît pas encore.

LA MARQUISE.

Vraiment?

VERNOUILLET.

Je ne voulais pas me présenter tant que je pouvais être pris pour un coureur de dot.

LA MARQUISE.

Mais si vous ne lui avez jamais parlé, comment l'avez-vous aimée?

VERNOUILLET.

En lui voyant faire l'aumône... avec quelle grâce de cœur, je ne saurais vous le dire. C'était à une pauvre femme qui tenait dans ses bras un enfant à demi-nu. Je glissai mon humble bourse dans la main de la mère, j'embrassai l'enfant et je suivis la jeune fille. — Mais je vous ennuie.

LA MARQUISE.

Au contraire, continuez.

VERNOUILLET.

Elle entra dans un hôtel de la Chaussée d'Antin, au coin de la rue de la Victoire.

LA MARQUISE, vivement.

De la rue de la Victoire ?

VERNOUILLET.

Et j'appris qu'elle était fille d'un riche banquier.

LA MARQUISE.

De Charrier !

VERNOUILLET.

Vous la connaissez ?

LA MARQUISE.

Depuis son enfance.

VERNOUILLET, suppliant.

Oh ! Madame !...

LA MARQUISE.

Je vous entends.

VERNOUILLET, à part.

Ça y est.

UN DOMESTIQUE, annonçant de la droite.

Mademoiselle Charrier.

LA MARQUISE.

La voici justement. Vous allez nous laisser seules.

SCÈNE VII.

LA MARQUISE, CLÉMENCE, VERNOUILLET.

LA MARQUISE.

A la bonne heure ! Je commençais à croire que tu me boudais.

CLÉMENCE.

Ce n'est pas ma faute, va. Miss Griffith a été souffrante tout ce temps-ci, et comme je n'ai qu'elle pour m'accompagner, j'ai été obligée de garder sa chambre.

LA MARQUISE.

Elle est là?

CLÉMENCE.

Oui, marraine. Je l'ai laissée dans le salon. Elle regardera les albums et sera bien sage.

VERNOUILLET, à part.

Elle est gentille. (Haut.) Mademoiselle vous appelle sa marraine?

LA MARQUISE.

Parce qu'elle est ma filleule... et, sur ce, Monsieur, je vous mets à la porte. J'ai à causer sérieusement avec mademoiselle.

VERNOUILLET.

Adieu, Madame... Mademoiselle... (A part, en sortant.) C'est cent mille francs que ça me coûte... ça les vaut.

(Il sort par la droite.)

SCÈNE VIII.

LA MARQUISE, CLÉMENCE, assises à gauche, à côté l'une de l'autre.

CLÉMENCE.

Qui est ce Monsieur?

LA MARQUISE.

Un homme dont tu dois avoir entendu dire bien du mal, M. Vernouillet.

CLÉMENCE.

Tiens! mon frère et papa en déjeunant ce matin n'ont fait que se disputer à son sujet. Henri soutenait que c'est un coquin; papa le défendait.

LA MARQUISE.

Ton père avait raison. Ton frère en parle à la légère,
comme j'en ai parlé moi-même avant de le connaître : maintenant je te déclare que je le crois fort honnête.

CLÉMENCE.

Voilà un beau mot dont on fait aujourd'hui un singulier
usage ! Qu'un aventurier risque sa réputation contre la fortune, il sera un fripon s'il perd la partie, et un honnête
homme s'il la gagne ? Je n'admets pas cela : il me semble
que l'honneur ne comporte pas de hasard, et qu'il est perdu
dès qu'il est joué.

LA MARQUISE.

Sans doute.

CLÉMENCE.

Eh bien, ton M. Vernouillet a mis le sien à l'aventure.

LA MARQUISE.

Si tu savais pourquoi, tu l'excuserais. Ce n'est pas pour
faire fortune qu'il s'est jeté dans les affaires ; c'est pour se
rapprocher d'une jeune fille qu'il aime.

CLÉMENCE.

Oh ! la vilaine preuve d'amour.

LA MARQUISE.

Mon Dieu ! c'est la seule possible à notre époque.

CLÉMENCE.

Comme il te plaira, mais je ne serais pas fière d'en être
l'objet.

LA MARQUISE.

Ne sois donc pas fière, car c'est toi qu'il aime.

CLÉMENCE.

Moi ? Je ne l'ai jamais vu.

5

LA MARQUISE.

Mais il t'a vue, lui ; il t'a vue faire l'aumône.

CLÉMENCE.

Et il vient me la demander.

LA MARQUISE.

Tu n'es pas plus touchée, à ton âge ?...

CLÉMENCE.

Je ne suis pas même flattée.

LA MARQUISE.

Alors, c'est que tu aimes quelqu'un.

CLÉMENCE, troublée.

Je t'assure que non.

LA MARQUISE.

Il ne faudrait pas rougir en me l'assurant. Voyons. mignonne ; je suis ta marraine et tu n'as plus de mère ! à qui te confieras-tu, si ce n'est à moi ?

CLÉMENCE.

Ne parlons jamais de cela, je t'en prie.

LA MARQUISE.

Quel mystère ! est-ce que ton choix ne serait pas digne de toi ?

CLÉMENCE.

Oh ! si, mais il ne songe pas à moi.

LA MARQUISE.

Quoi ! Il n'a pas subi le charme de ta grâce, de ta jeunesse ? Ce n'est pas possible ; tu te trompes... Il t'aime ou il t'aimera.

CLÉMENCE.

Je l'ai espéré un instant ; dans ma présomption, j'en étais

même sûre... à ce point qu'attribuant son silence à une juste
fierté, car il est pauvre, j'avais chargé mon frère de l'en-
hardir...

LA MARQUISE.

Eh bien ?

CLÉMENCE.

Il en aime une autre.

LA MARQUISE.

Une autre qui ne te vaut probablement pas. (L'attirant dans
ses bras.) Ma pauvre enfant! cette souffrance n'était pas encore faite pour toi !... Comment s'appelle-t-il? est-ce que je
le connais?

CLÉMENCE, très-bas.

Oui... c'est M. de Sergine.

LA MARQUISE, bondissant.

Sergine! Albert de Sergine? le journaliste?

CLÉMENCE.

Est-ce qu'il y en a un autre ?

LA MARQUISE.

Et tu t'es crue aimée? Sur quel indice? quelle parole?
quel regard?... Ah! je suis folle de te demander cela! Est-
ce qu'on sait à quoi l'on se sent aimée? à tout et à rien!
Le cœur ne s'y trompe pas.

CLÉMENCE, qui s'est levée aussi.

Tu vois bien que si.

LA MARQUISE.

Ton frère t'a-t-il dit qu'il en aime une autre ou seulement
qu'il n'est pas libre ?

CLÉMENCE.

Est-ce que ce n'est pas la même chose ?

LA MARQUISE.

Oui, c'est vrai... cela revient au même pour toi... (Elle va à la cheminée, et après un silence :) J'ai des lettres à écrire, des lettres pressées.

CLÉMENCE.

Tu me renvoies?

LA MARQUISE.

Je te consolerais mal, et tu m'en voudrais. J'ai eu dans ma vie, j'ai encore de tels chagrins que les tiens me paraissent enviables.

CLÉMENCE.

Je t'ai fait de la peine?... pardonne-moi.

LA MARQUISE.

Ah! ce n'est pas ta faute. Tu as rouvert une blessure que je croyais fermée. — Va, mon enfant; j'ai besoin d'être seule. Il n'y a pas de malheur irréparable à ton âge.

CLÉMENCE.

Oh! j'ai du courage... je voudrais pouvoir t'en donner.

LA MARQUISE.

J'en ai aussi. Adieu, mon ange.

CLÉMENCE.

Ma pauvre marraine !

Elle l'embrasse et sort par la droite.

SCÈNE IX.

LA MARQUISE, seule.

Il l'aime. Que suis-je pour lui, moi? Une passion satisfaite, une habitude, une servitude!... L'ingrat! moi... (Riant amèrement.) moi qui tout à l'heure encore faisais des avances à un libertin de mauvais ton, au frère même de

celle qu'il aime pour sa pureté et à laquelle il renonce à
cause de moi! — Allons, Charlotte d'Auberive, sois franche
et juste! celui que tu accuses vaut mieux que toi; à sa place,
tu romprais brutalement si cette liaison était une entrave
pour toi au lieu d'être ta position. Pourquoi me le dissimu-
lerais-je? Au point où nous en sommes, il me fait aumône
d'honorabilité, il m'entretient de considération... C'est
ignoble! rendons-lui sa liberté, à ce pauvre garçon, et pre-
nons bravement le parti de la retraite. — C'est dur à mon âge!
Je croyais avoir encore quelques années devant moi... Bah!
les lâches ne sont jamais prêts. Un peu plus tôt, un peu plus
tard, qu'importe? le grand point est de ne pas faire pitié!

Elle s'assied dans le fauteuil près de la cheminée.

UN DOMESTIQUE, de la droite.

Monsieur le Marquis demande si Madame peut le recevoir.

LA MARQUISE.

Mon mari?

LE DOMESTIQUE.

Oui, Madame.

LA MARQUISE.

Faites entrer.

SCÈNE X.

LA MARQUISE, LE MARQUIS.

LE MARQUIS.

Je viens, Madame, au sujet de la négociation dont vous
avez chargé votre banquier.

LA MARQUISE.

Elle est désormais sans objet, Monsieur, et j'allais prier

M. Charrier de n'y pas donner suite. M. Vernouillet sort
d'ici, tout est arrangé.

LE MARQUIS.

Puis-je vous demander dans quelles conditions ?

LA MARQUISE.

Il me remet purement et simplement ma dette à titre de
restitution.

Elle lui tend la quittance.

LE MARQUIS, se levant pour la prendre.

Dans quel but cette prodigalité ?

LA MARQUISE.

Dans le but de satisfaire à sa conscience. Il aurait égale-
ment désintéressé tous ses actionnaires s'ils ne l'avaient
obligé à se défendre contre une accusation calomnieuse.

LE MARQUIS.

Vous croyez ?

LA MARQUISE.

La preuve, c'est qu'il rembourse la seule personne qui
n'ait pas pris part au procès.

LE MARQUIS.

Je comprends maintenant. C'est aussi fort que l'achat du
journal. Il ne tenait que les hommes ; il met les femmes de
son côté : et en fait de réhabilitation les femmes sont juges
en dernier ressort. Voilà cent mille francs bien placés.

LA MARQUISE.

Pourquoi chercher partout des calculs odieux ? Ce pauvre
homme n'est rien moins que calculateur, il l'a trop prouvé
dans la gestion de son affaire. — Savez-vous pourquoi il
s'est jeté dans les spéculations ?... Pour épouser une jeune
fille qu'il aime.

LE MARQUIS.

La petite Charrier.

LA MARQUISE.

Vous le saviez?

LE MARQUIS.

C'est moi qui le lui ai conseillé. Au point où il en est, un beau mariage serait un coup de maître qui forcerait les dernières résistances.

LA MARQUISE.

Mais alors il s'est joué de moi d'une façon indigne.

LE MARQUIS.

Indigne d'un galant homme; mais ce petit Vernouillet est le roi des drôles.

LA MARQUISE.

Et vous l'aidez de vos conseils? Vous vous intéressez à lui?

LE MARQUIS.

Je ne m'y intéresse pas; je m'en divertis. C'est un des pantins de la comédie que je me donne à moi-même depuis que je n'ai plus d'intérêt personnel à la vie. Je m'amuse à fomenter la corruption de la bourgeoisie... elle nous venge. Mais si je joue du Vernouillet, je ne veux pas qu'il s'enhardise à jouer du marquis d'Auberive, ni d'aucun des siens : c'est pourquoi vous allez renvoyer son argent à ce jeune escroc.

LA MARQUISE.

Mais si c'est en effet de l'argent volé?...

LE MARQUIS.

C'en est. Mais du moment qu'il ne rembourse pas toutes ses victimes, accepter une restitution de faveur, c'est passer du camp des dupes dans celui du fripon, c'est pactiser avec

le vol. Je m'étonne que ma nièce ne l'ait pas compris tout
de suite.

LA MARQUISE.

Et moi, j'en rougis.

LE MARQUIS, déposant un portefeuille sur la cheminée.

Voilà cent mille francs. Quant aux propositions dont vous
aviez chargé M. Charrier, permettez-moi de vous le dire,
elles sont absurdes. Vous continuerez à toucher intégrale-
ment votre pension.

Il se rassied.

LA MARQUISE.

Mais, Monsieur, je ne puis consentir...

LE MARQUIS.

Je ne vous consulte pas; je suis seul juge du train de maison que doit avoir la marquise d'Auberive.

LA MARQUISE.

Cependant... vous avez fait des pertes récentes.

LE MARQUIS.

Il est vrai; mon notaire m'a emporté une somme assez
ronde; mais je n'ai pas besoin de représenter, moi : je suis
garçon.

LA MARQUISE.

Vous êtes le plus noble et le meilleur des hommes.

LE MARQUIS.

Pas de reconnaissance, je vous en prie. Ce que j'en fais
n'est pas pour vous, mais pour l'honneur de notre nom. Je
lui ai déjà fait bien d'autres sacrifices.

LA MARQUISE.

Celui de m'épouser, d'abord.

LE MARQUIS.

Ce n'a pas été un sacrifice, cela, mais la pire des folies.

LA MARQUISE.

Si vous avez souffert, vous êtes bien vengé.

LE MARQUIS.

Ah! votre tour est venu?

LA MARQUISE.

Hélas! — Et mon existence aurait pu être si belle! Ce rôle
de femme et de fille à la fois était si noble et si attachant!
Vivre au bras d'un pur gentilhomme, se consacrer à l'honneur de ses cheveux blancs, être la vestale de ce culte
héroïque, n'était-ce pas là matière à mon humeur roma-
nesque?

LE MARQUIS.

Oui, ce rôle était beau. Vous ne l'avez pas compris, ou il
vous a fait peur. J'avais compté, je l'avoue, sur plus d'intelligence ou plus de courage dans une D'Auberive.

LA MARQUISE.

Ah! ce n'est pas le courage qui me manque. J'en dépense
cent fois plus, cent fois plus de circonspection et de surveil-
lance sur moi-même pour garder un peu de dignité dans
une position fausse, que ne m'en eût coûté l'accomplissement de tous ces beaux devoirs! Mais j'étais une enfant
alors! Je ne comprenais pas... et aujourd'hui la lumière
vient trop tard.

LE MARQUIS.

Trop tard.

LA MARQUISE.

Je suis encore plus effrayée qu'excédée de ma situation.
Je me connais; je suis malheureusement une de ces natures
violentes qui ont besoin d'une exaltation quelconque pour se
défendre des dernières chutes, et je n'en ai plus. Tout ce
qui soutient les autres femmes me manque : la maternité,

l'amour et le devoir! Je me suis surprise aujourd'hui même sur une pente honteuse... A quoi puis-je me retenir? Que me reste-t-il?

LE MARQUIS, se levant et la saluant profondément.

De mon temps on avait Dieu.

Il sort par la droite.

SCÈNE XI.

LA MARQUISE, seule.

Il est inflexible. Dieu! oui, c'est le seul refuge! mais voudra-t-il de moi? — Pauvre Sergine! il ne s'attend guère à la bonne surprise que je lui prépare! — Et s'il allait la trouver mauvaise? si je me tourmentais dans le faux? S'il ne pensait pas en effet à cette petite fille?—Pauvre Charlotte! comme tu te raccroches à toutes les branches!

SERGINE, entre par la droite en habit de ville; il pose son chapeau sur un fauteuil près de la porte.

Me voici!

LA MARQUISE, à part.

Allons! encore une tentative, mais que ce soit la dernière!

SCÈNE XII.

LA MARQUISE, SERGINE.

SERGINE, allant à elle.

Vous ne direz pas que j'ai fait l'école buissonnière.

LA MARQUISE.

Le mot n'est pas heureux, mon ami.

SERGINE.

Pardon. Je ne me rappelle jamais que vous êtes sur le qui-vive avec moi.

LA MARQUISE.

Quelle toilette!

SERGINE.

N'allons-nous pas à l'Opéra?

LA MARQUISE.

Je n'y pensais plus.

SERGINE, allant à la cheminée.

Avez-vous eu des visites?

LA MARQUISE.

Oui! une entre autres bien inattendue. Je vous la donne en mille. — M. Vernouillet!

SERGINE.

Qu'a-t-il à faire à vous? Ah! vos actions dans sa banque!

LA MARQUISE.

D'abord; mais ce n'était que le prétexte. Sa visite avait un *post-scriptum*. Il est amoureux... pas de moi, rassurez-vous, et il me prie de m'intéresser à son mariage.

SERGINE.

J'espère bien que vous n'allez pas vous entremettre pour ce personnage?

LA MARQUISE.

Pourquoi pas? Il vaut beaucoup mieux que sa réputation, je vous assure.

SERGINE.

C'est plus facile aux fripons qu'aux honnêtes gens.

LA MARQUISE.

Il voulait me restituer ce que j'ai perdu dans sa banque.

SERGINE.

Il savait bien que vous n'accepteriez pas. Mais quel inté-

rèt si grand a-t-il à vous gagner? Est-ce que son mariage
dépend de vous?

LA MARQUISE.

Pas précisément, mais je serai consultée. Il s'agit de ma
filleule.

SERGINE.

Clémence?

LA MARQUISE.

Vous voulez dire mademoiselle Charrier.

SERGINE.

Et vous prèteriez les mains à cette alliance monstrueuse,
vous!

LA MARQUISE.

J'avoue que je n'en vois pas bien la monstruosité.

SERGINE.

En vérité, Madame, vous perdez le sens moral.

LA MARQUISE.

Vous vous oubliez, monsieur de Sergine!

SERGINE.

Non, Madame, c'est vous qui avez besoin d'être rappelée
à vous-même. Quoi! ce titre de marraine, cette autorité
maternelle, vous l'emploieriez à jeter la noble enfant dans
les bras d'un homme taré!

LA MARQUISE.

Rassurez-vous; je n'en ai pas envie. C'était une épreuve.
Je sais maintenant ce que je voulais savoir.

SERGINE.

Et quoi donc?

LA MARQUISE.

Vous aimez Clémence.

SERGINE.

Moi! Où voyez-vous cela?

LA MARQUISE.

Ne fût-ce qu'à votre emportement quand je veux la marier. C'est la première fois que vous m'avez parlé durement,
Albert. Je ne vous en veux pas, mon pauvre ami, mais n'allons pas plus loin. L'heure de la séparation a sonné. Je vous
relève de vos serments et vous rends votre liberté.

SERGINE.

Mais je n'accepte pas cette rupture. Songez-vous?...

LA MARQUISE.

Que notre liaison est devenue toute ma position dans le
monde? Eh bien! je renoncerai au monde.

SERGINE.

Non, Charlotte! quand votre supposition serait fondée,
et elle ne l'est pas... je ne vous abandonnerais jamais! — Ne
vous avais-je pas priée tout d'abord de ne pas vous mêler
du mariage de Vernouillet? Est-il étonnant que j'y aie mis
plus de vivacité quand j'ai su qu'il s'agissait de la sœur de
mon meilleur ami? Vous êtes une enfant. Je n'aime et ne puis
aimer que vous. Je tourne au mari, me disiez-vous ce matin?
C'est vrai, et c'est un tort; mais que voulez-vous? Si mon
bonheur semble tenir moins de place dans ma vie, c'est qu'il
y est casé pour jamais; notre affection, calme désormais
comme toutes les choses définitives, n'absorbe plus l'activité
de mon esprit, et si vous avez à être jalouse, ce n'est ni de
mademoiselle Charrier, ni d'une autre... c'est de l'étude.

LA MARQUISE.

C'est une rivale, celle-là, dont ma dignité peut s'arranger.
Mais dites-vous la vérité?

SERGINE.

Pourquoi mentirais-je? vous me mettez fort à mon aise.

LA MARQUISE.

Oui, mais vous êtes un honnête homme. Soyez sincère, je vous en supplie, soyez brutal. J'aime mieux vous perdre que vous tenir de votre compassion... de votre charité. Je m'attendais à une résistance généreuse, vous me la deviez; mais vous voilà en règle avec votre conscience ; vous en avez assez fait pour le devoir...

SERGINE.

On n'est quitte avec le devoir qu'après l'avoir rempli. Mais il n'a rien à faire ici.

LA MARQUISE.

Je vous offre la liberté, vous la refusez; réfléchissez bien ! Je ne vous l'offrirai plus... vous serez obligé de la prendre... et ce sera plus dur pour vous et pour moi. Croyez-moi, Albert, allez-vous-en, sans me répondre, sans tourner la tête...

UN DOMESTIQUE, venant de la gauche.

Madame est servie.

SERGINE.

Daignerez-vous accepter mon bras ?

LA MARQUISE.

Vous le voulez? C'était bien la peine de tant me tourmenter pour arriver à ce dénoûment.

Ils sortent par la gauche.

FIN DU DEUXIÈME ACTE.

ACTE TROISIÈME

Un magnifique cabinet de travail chez Vernouillet. Porte d'entrée au fond ; porte dans un pan coupé à droite ; cheminée dans un pan coupé à gauche ; une grande table recouverte d'un tapis vert au milieu ; guéridon à droite près de la porte, sur lequel sont des flacons de liqueurs et des petits verres. Une causeuse sur le devant à droite.

SCÈNE PREMIÈRE.

VERNOUILLET, étendu sur la causeuse. GIBOYER,
dans un fauteuil, les pieds sur la cheminée.

VERNOUILLET.

Que diriez-vous, monsieur Anatole Giboyer, mon secrétaire et ami, si vous appreniez tout à coup que j'ai refusé les présents d'Artaxerce ?

GIBOYER.

Je dirais qu'Artaxerce est un pingre.

VERNOUILLET.

Il ne faisait pourtant pas mal les choses ; cent vingt mille francs sont un joli denier.

GIBOYER.

La subvention du journal ?

VERNOUILLET.

Elle-même, mon bon. J'ai écrit au ministre que le journal ne la recevrait plus. Comment trouves-tu ça ?

GIBOYER.

Tu te railles de ma crédulité.

VERNOUILLET.

Non, sur l'honneur.

GIBOYER.

Alors quel est ton but ?

VERNOUILLET.

De n'être aux gages de personne ; de ne relever que de ma conscience ; de marcher dans ma force et dans ma liberté ! Que cherches-tu sous les meubles ?

GIBOYER.

Le naïf pour qui tu poses.

VERNOUILLET.

C'est toi-même, mon bon ami.

GIBOYER.

Ah ! tu t'exerces ? je suis le mannequin ? Va ton train.

VERNOUILLET.

Tâche donc de te prendre au sérieux, mon cher. Tu n'es plus un bohême, du moment que je t'attache à ma fortune.

GIBOYER.

Eh bien, sérieusement, est-ce que tu vas passer à l'opposition ?

VERNOUILLET.

Parbleu ! C'est l'A B C du métier.

GIBOYER.

Et tes abonnés ?

Il va au guéridon à droite et se verse un verre de liqueur [1].

VERNOUILLET.

Ils ne s'apercevront seulement pas du changement de front. Je ferai tout juste assez d'opposition pour que le pouvoir compte avec moi, au lieu de compter sur moi.

1. Vernouillet, Giboyer.

GIBOYER.

Et tes actionnaires ?

VERNOUILLET.

Est-ce que ça les regarde ? J'ai conservé la direction absolue de l'entreprise ; pourvu qu'ils touchent leurs dividendes, ils n'ont rien à dire. D'ailleurs, je me suis réservé le droit de racheter leurs actions et je les rachèterai toutes.

GIBOYER.

Quand tu les auras fait baisser.

VERNOUILLET.

Non, dès que j'aurai triplé mes fonds à la Bourse, ce qui ne sera pas long, étant à la source des renseignements.

GIBOYER, dégustant son petit verre.

Étant toi-même la source des renseignements. — Dire que je ne peux pas grappiller à ta suite, faute d'un petit capital !

VERNOUILLET.

Il ne tiendra qu'à toi de t'en faire un.

GIBOYER.

Sur mes économies ?

VERNOUILLET.

Et sur tes frais de voitures. Tu m'en comptes quarante-huit heures par jour.

GIBOYER.

Le temps me paraît si long, loin de toi !

VERNOUILLET.

Tu m'attendris. J'augmente ta position : outre ta place de secrétaire de la rédaction, je te donne la chronique des salons... quatre sous la ligne.

GIBOYER.

O mon bienfaiteur! ô homme au petit manteau bleu! Je ferai l'article des modes?

VERNOUILLET.

Oui, et tu signeras *comtesse de Folleville*.

GIBOYER.

Bon! je m'habillerai dans les maisons recommandées.

VERNOUILLET.

Tu pourras aussi faire quelques incursions dans le monde des théâtres...

GIBOYER.

Et la critique du lundi?

VERNOUILLET.

A propos des toilettes... à propos de ce public des premières représentations, souvent plus curieux que la pièce. Tu pourras même, çà et là, parler des actrices à la mode : ainsi ce soir on donne un nouveau ballet à l'Opéra...

GIBOYER.

Tu m'emmèneras avec toi?

VERNOUILLET.

Non, ma loge est pleine; mais tu éreinteras la petite Noémie...

GIBOYER.

Tiens! je la trouve charmante.

VERNOUILLET.

Moi aussi, parbleu!

GIBOYER.

Compris. — Sardanapale, va!

VERNOUILLET, se levant.

Motus là-dessus. Je pense à me marier.

GIBOYER, plaintif.

Oh ! pourquoi?

VERNOUILLET.

Je veux avoir un salon.

GIBOYER.

As-tu un parti en vue ?

VERNOUILLET.

Oui.

GIBOYER.

Quels sont les appointements ?

VERNOUILLET.

Cinq cent mille francs, et un beau-père bien posé.

GIBOYER.

La demoiselle a donc des engelures?

VERNOUILLET.

Elle est charmante, je l'ai vue.

GIBOYER.

Alors elle n'est pas pour ton nez.

VERNOUILLET.

C'est ce que nous verrons. La presse est un merveilleux instrument dont on ne soupçonne pas encore toute la puissance. Jusqu'ici, il n'y a eu que des râcleurs de journal: place à Paganini !

Un domestique apporte des lettres sur un plat d'argent, et sort.

VERNOUILLET, décachetant.

Encore des lettres! C'est fatigant! (A Giboyer qui tire une pipe de sa poche.) Une pipe! veux-tu cacher cela !

GIBOYER.

C'est ma fille ; je ne la quitte jamais.

VERNOUILLET.

On ne fume plus ici.

GIBOYER.

Je vais lui faire faire un tour au Palais-Royal.

VERNOUILLET, *ouvrant une lettre.*

Un autographe du ministre, en réponse à ma lettre d'hier.

GIBOYER.

Du ministre?

VERNOUILLET.

Écoute ça : *(Lisant.)* « Monsieur, la connaissance des hommes
« ne m'a pas laissé une grande estime pour l'humanité. Je
« n'en suis que plus heureux quand je rencontre un carac-
« tère. Vous en êtes un, Monsieur; votre lettre m'a inspiré
« un vif désir de vous connaître. Voulez-vous me faire l'hon-
« neur de venir dîner demain au ministère? — Agréez, etc. »
— Comment la trouves-tu?

GIBOYER.

Elle serait invraisemblable si elle n'était pas vraie.

VERNOUILLET.

Il y a des moments où ma puissance m'épouvante, ma
parole d'honneur! Je finirai par n'oser plus froncer le sourcil,
de peur d'ébranler l'Olympe... Ah! Giboyer, quelle admirable
chose que la presse! Que de bien elle peut faire!

GIBOYER.

Ne m'en parle pas, ça fait frémir. Iras-tu à ce dîner?

VERNOUILLET.

Parbleu! et j'espère bien trouver la croix sous ma ser-
viette.

GIBOYER.

Ah! Monsieur tient à voir briller sur sa devanture l'insigne
de l'honneur?

VERNOUILLET.

Dans un an je veux être estampillé de tous les ordres de l'Europe. (Ouvrant une autre lettre.) De mon agent de change..... Diable! Hausse d'un franc! C'est demain la liquidation, et j'ai vendu cent mille. Je suis dans de beaux draps!

GIBOYER.

Pourquoi cette hausse?

VERNOUILLET.

La visite de l'empereur de Russie à la reine d'Angleterre est démentie.

GIBOYER.

Ah! oui, par le *Courrier de Paris*.

VERNOUILLET.

Belle autorité! Faut-il que ces boursiers soient jobards!

GIBOYER.

Le *Courrier* est en général bien informé.

VERNOUILLET.

J'ai cent raisons de croire qu'il l'est mal aujourd'hui.

GIBOYER.

Tu en as même cent mille.

VERNOUILLET.

Cours aux bureaux du journal; fais-moi une correspondance de Saint-Pétersbourg : le czar est parti. Nous rectifierons après la liquidation s'il y a lieu.

GIBOYER, prenant son chapeau.

Il est toujours beau de confesser une erreur.

(Il sort par la droite.)

SCÈNE II.

VERNOUILLET.

C'est un mauvais tour que me joue l'empereur de Russie, mais je lui revaudrai cela.

UN DOMESTIQUE, annonce du fond.

M. le marquis d'Auberive.

SCÈNE III.

LE MARQUIS, VERNOUILLET.

VERNOUILLET.

Bonjour, monsieur le Marquis. Quel bon vent vous amène?

LE MARQUIS.

Je viens en passant vous faire mon compliment. J'ai de vos nouvelles, mon gaillard! Il paraît que vous vous conduisez avec le ministère comme un homme de Plutarque!

VERNOUILLET.

J'ai déchiré le pacte de servitude, voilà tout.

LE MARQUIS.

C'est très-fort, mon cher, c'est très-fort. Jusqu'ici on ne connaissait que deux sortes de presses, la presse indépendante et la presse vénale; l'une pauvre, l'autre discréditée: vous en créez une troisième qui réunit les avantages des deux autres sans leurs inconvénients.

VERNOUILLET.

Quoi! vous supposez...

LE MARQUIS.

Ne jouez donc pas au fin avec moi; je ne suis pas bé-

gueule, et j'admire le génie partout où je le rencontre.
C'était, en apparence, un problème insoluble qu'un journal
à la fois indépendant et vénal; vous l'avez résolu du premier
coup; vous avez vu, avec le coup d'œil de l'aigle, qu'il s'agissait tout simplement de retourner la spéculation, et de vendre
au public votre influence sur le gouvernement, au lieu de
vendre au gouvernement votre influence sur le public.
N'est-ce pas cela, hein? sans modestie.

VERNOUILLET.

Il n'y a pas de quoi faire le modeste; c'était simple comme
bonjour.

LE MARQUIS.

Vous êtes un grand homme, ami Vernouillet, et la presse
entre vos mains va devenir une bien belle institution.

VERNOUILLET.

Je l'espère.

LE MARQUIS.

Et moi aussi. Quelle sera votre ligne politique? C'est très-
important pour la prospérité de cette benoite quatrième
page, que vous ne méprisez pas, j'imagine?

VERNOUILLET.

Non, certes.

LE MARQUIS.

La presse étant un sacerdoce, il faut bien songer aux frais
du culte.

VERNOUILLET.

J'y ai songé. Je résume tout mon programme dans cette
simple formule qui servira d'épigraphe au journal : Plus de
révolutions!

LE MARQUIS.

Magnifique programme, si vous le réalisez.

VERNOUILLET.

Oh! pourvu que je réalise trente mille abonnés!...

LE MARQUIS.

C'est juste. — Courage, mon camarade! Votre position grandit à vue d'œil. Suivez mon conseil, mariez-vous. Il faut faire souche.

VERNOUILLET.

J'ai commencé les démarches.

LE MARQUIS.

Ah! bah!

VERNOUILLET.

La première a été de me procurer la collection de la *Gazette des Tribunaux* et de rechercher le procès de Charrier, car, sans être rigoriste, je ne serais pas flatté de m'allier à un fripon.

LE MARQUIS.

Eh bien?

VERNOUILLET.

Ma conscience est rassurée. Son procès est, comme vous me l'aviez dit, le pendant du mien : il n'y a pas de quoi fouetter un chat.

LE MARQUIS.

Pensez-vous que je vous aurais conseillé une mésalliance ?

VERNOUILLET.

Non, sans doute; mais dans ces matières délicates, vous savez, on aime à s'assurer par soi-même...

SCÈNE IV.

LE MARQUIS, VERNOUILLET, GIBOYER.

GIBOYER , de la porte de droite

Le tzar est en route.

VERNOUILLET.

Chut!

GIBOYER, *apercevant le marquis.*

N'est-ce pas à M. le marquis d'Auberive que j'ai l'honneur...

LE MARQUIS.

A lui-même, Monsieur.

GIBOYER, *à Vernouillet.*

Présente-moi donc!

VERNOUILLET.

M. Anatole Giboyer, un camarade de collége à moi, et le plus actif de mes collaborateurs.

LE MARQUIS.

Giboyer... Attendez donc!... Non! ce ne peut pas être cela.

GIBOYER.

C'est précisément cela, au contraire.

LE MARQUIS.

Quoi! ce portier qui avait vendu son fils à un maître de pension?

GIBOYER.

C'était mon propre père, et je suis l'enfant prodige en personne.

VERNOUILLET.

Tu ne t'étais jamais vanté de cela, toi.

GIBOYER.

Nous autres philosophes, nous attachons si peu de prix au frivole avantage de la naissance! Si je m'en targue aujourd'hui, c'est uniquement pour remercier M. le marquis de l'intérêt qu'il me témoigna dans cette circonstance. Après avoir attaqué de toutes les manières la fatale résolution de mon père, il lui donna son compte. Si le brave homme vous avait écouté, monsieur le Marquis, je tirerais tranquillement le cordon chez vous à l'heure qu'il est, au lieu de tirer le diable par la queue.

LE MARQUIS.

Regretteriez-vous le bienfait de l'éducation?

GIBOYER.

Il m'a mené coucher loin!

LE MARQUIS.

Vous m'étonnez!

GIBOYER.

Tant qu'ont duré mes études, j'ai vécu comme un coq en pâte. Je remportais tous les prix, et les marchands de soupe se disputaient votre serviteur comme une réclame vivante; si bien qu'en philosophie j'avais obtenu de la concurrence une chambre à part, avec la permission de fumer et de découcher. Mais le lendemain de mon baccalauréat, il fallut en rabattre.

LE MARQUIS.

Votre bienfaiteur vous planta là?

GIBOYER.

Oh! non!... Il m'offrit une place de pion à six cents francs; mais il me supprima la chambre, la pipe et les permissions de dix heures. Ça ne pouvait pas durer; je lâchai l'enseignement, et je me jetai dans les aventures, plein de confiance en ma force et ne soupçonnant pas que ce grand chemin de l'éducation, où notre jolie société laisse s'engouffrer tant de pauvres diables, est un cul-de-sac.

LE MARQUIS, à Vernouillet.

Écoutons: ce n'est pas du style noble, mais c'est instructif. (à Giboyer.) Voudriez-vous qu'on le murât, ce cul-de-sac?

GIBOYER.

Oui, morbleu! qu'on le mure si on ne veut pas le percer

par l'autre bout!... Savez-vous comment j'ai vécu, moi, qui pourrais soutenir une thèse comme Pic de La Mirandole, *de omni re scibili?*

LE MARQUIS, s'asseyant à gauche de la table.

Je serais curieux de le savoir.

Vernouillet est assis au milieu de la table.

GIBOYER.

Tour à tour courtier d'assurances, sténographe, commis voyageur en librairie, secrétaire d'un député du centre dont je faisais les discours, d'un duc écrivassier dont je bâclais les ouvrages, préparateur au baccalauréat, rédacteur en chef de *la Bamboche*, journal hebdomadaire, vivant d'expédients, empruntant l'aumône, laissant une illusion et un préjugé à chaque pièce de cent sous, je suis arrivé à l'âge de quarante ans, le gousset vide et le corps usé jusqu'à l'âme.

LE MARQUIS.

Je ne suis pas un ardent défenseur de notre société; permettez-moi cependant de vous dire que si vous n'aviez pas quelques vices...

GIBOYER.

Oui, parbleu! j'en ai. Vous en avez bien, vous autres!... Croyez-vous que les privations soient un frein aux appétits? Mais si je n'avais eu que mes vices, ils n'étaient pas bien coûteux, je me serais encore tiré d'affaire; par malheur j'avais aussi une vertu, la seule qui ne fût pas restée en route : j'étais bon fils. Je ne voulais pas mettre mon père à l'hôpital... C'était un enfantillage ridicule... que voulez-vous? on n'est pas complet. Il a eu l'indiscrétion de vivre long-temps, et moi j'ai eu la simplicité de le pleurer. Si c'était à recommencer...

LE MARQUIS.

Bah!... Vous recommenceriez.

GIBOYER.

C'est possible. Je ne veux pas me faire plus fort que je ne suis. Mais c'est une grande duperie qu'une vertu dans une position où l'homme n'a pas trop de toutes ses forces et de tous ses vices pour se frayer un passage!

VERNOUILLET.

Laisse-nous donc tranquilles! Le vrai mérite perce toujours. Je pourrais te citer vingt hommes éminents sortis comme toi des rangs du peuple.

GIBOYER.

Parbleu! je t'en citerais cinquante!

VERNOUILLET.

Alors, de quoi te plains-tu?

GIBOYER.

Je me plains de n'en pouvoir citer que cinquante; je me plains qu'il faille un mérite exceptionnel pour percer; enfin, que ce soit l'exception et non la règle.

VERNOUILLET.

Ce n'est pas à moi qu'il faut t'en prendre, c'est au gouvernement.

GIBOYER.

Les gouvernements ne sont pour rien là dedans : question sociale et non politique.

LE MARQUIS.

Ah! ah! monsieur est socialiste?

GIBOYER.

Si je le suis? jusqu'aux moelles! (S'asseyant à la table en face du marquis.) Voyons, monsieur le Marquis, franchement, est-ce une société ce que nous voyons depuis 89?

LE MARQUIS.

Non, non, non!

VERNOUILLET.

Qu'est-ce donc que c'est?

GIBOYER.

Une mêlée de tous les égoïsmes, une curée de toutes les convoitises, une ripaille dans une forêt de Bondy !

LE MARQUIS.

Bravo, Pic de La Mirandole !

GIBOYER.

Les plus hardis font main basse sur les vivres, et les autres les flagornent pour avoir les miettes.

LE MARQUIS.

De mieux en mieux.

GIBOYER.

Deux et deux font quatre : le règne de l'arithmétique est arrivé, comme il arrivera dans tous les pays où il n'y a rien au-dessus du capital.

VERNOUILLET.

Bah ! tu auras beau dire : l'argent a une puissance intrinsèque qu'on ne lui ôtera pas ; il est roi par la force des choses.

GIBOYER.

Voilà justement pourquoi il faut le combattre : la civilisation, c'est la victoire de l'homme sur la force des choses ! Que dirais-tu d'une loi morale qui glorifierait les appétits naturels?

VERNOUILLET.

Je dirais...

GIBOYER.

Tu ne sais pas. Tu ferais bien de dire qu'elle conduit tout droit à l'abrutissement de l'espèce. Eh bien! c'est ce qui a

lieu dans l'ordre social, quand vous créez une aristocratie
d'argent. Vous mettez dans le plateau des jouissances maté-
rielles ce qui devrait leur servir de contre-poids : les hon-
neurs, la considération, le pouvoir. Tout ce qui ne mène pas
à la fortune devient une duperie ; l'âme de la nation décroît,
les instincts de la brute se redressent de tous côtés, et vous
voyez poindre cette théorie bestiale : à chacun selon ses appétits.

LE MARQUIS, bas à Vernouillet.

Il est curieux ce petit prolétaire.

GIBOYER.

En sorte que l'ancien régime était plus près de la civilisation que le nôtre, parce qu'il avait au moins une chimère à
mettre au-dessus de la richesse.

LE MARQUIS, à Vernouillet.

Voilà ce qu'il faudrait dire dans *la Conscience publique*.

VERNOUILLET.

Merci bien ! Je m'en tiendrai, s'il vous plaît, à ma formule : Plus de révolutions !

GIBOYER.

Elle est bonne, ta formule, si tu veux la prendre au
sérieux.

LE MARQUIS.

Eh quoi ! monsieur Giboyer, vous voudriez priver ce bon
peuple français de son passe-temps favori ?

GIBOYER.

Ah ! très-bien ! vous êtes de ceux qui le croient léger et
indisciplinable ?

LE MARQUIS.

S'il ne l'est pas, avouez qu'il cache bien son jeu depuis
soixante ans.

GIBOYER.

Parbleu ! il ressemble à ce monsieur qui avait eu huit rhumes de cerveau en un mois, et qui les avait tous guéris, excepté le premier. Achevez la révolution de 89, et vous n'en aurez plus à redouter.

LE MARQUIS, se levant sur place.

Achever 89 ? — Ça n'est donc pas fini ?

VERNOUILLET.

Il me semble pourtant que la liberté et l'égalité sont bien quelque chose.

GIBOYER.

Ce n'est que le commencement, le travail de démolition... On a fait table rase des abus ; il reste à reconstruire une société, c'est-à-dire à organiser la résistance contre la force des choses, en créant une aristocratie en dehors de l'argent.

VERNOUILLET.

C'est bientôt dit.

LE MARQUIS.

Mais sur quoi la fonderez-vous dans ce pays démocratique ?

GIBOYER.

Sur le principe même de la démocratie ; sur le mérite personnel.

LE MARQUIS.

Allons donc !

GIBOYER.

Depuis que le monde est monde, le courant de l'humanité porte de ce côté-là. Je me ferais fort de vous le démontrer, l'histoire à la main, depuis l'antiquité, qui était la divinisation de la force, jusqu'au XVIIIe siècle, cette immortelle campagne de l'intelligence qui aboutit à l'explosion de 89, à la déclaration des Droits de l'homme et au sacre du Génie.

VERNOUILLET.

Bah ! tu n'es qu'un pédant.

GIBOYER.

Mon éducation me le permet.

UN DOMESTIQUE.

M. Charrier.

SCÈNE V.

LE MARQUIS, CHARRIER, VERNOUILLET, GIBOYER.

LE MARQUIS.

Vous arrivez bien, Charrier ; nous sommes en train de chercher une ligne politique au journal. Cela vous intéresse comme Français et comme actionnaire ; car vous avez pris des actions, je crois ?

CHARRIER.

Beaucoup.

LE MARQUIS.

Monsieur conseille une croisade en faveur de l'aristocratie de l'intelligence ; qu'en pensez-vous ?

CHARRIER.

Je pense que nous l'avons.

LE MARQUIS.

Hein ? qu'est-ce que nous avons ?

CHARRIER.

L'aristocratie de l'intelligence.

LE MARQUIS.

La plaisanterie est bonne. Qu'en dites-vous, La Mirandole ?

VERNOUILLET.

Charrier a raison ; le mérite ne se mesure pas à la toise
comme les carabiniers. On ne peut lui fixer qu'un étalon
approximatif, et on a pris le plus facile à vérifier, le résultat
du travail, la fortune.

CHARRIER.

C'est évident.

LE MARQUIS, à Giboyer.

Voilà une conclusion qui vous démonte.

GIBOYER.

C'est spécieux, j'en conviens.

VERNOUILLET.

Alors, tiens-toi pour battu.

GIBOYER, à Vernouillet.

Me prêtes-tu cinq cents francs si je te colle au mur ?

VERNOUILLET.

Non.

GIBOYER.

Je t'y collerai donc pour rien, comme un pauvre.

CHARRIER, bas au Marquis.

Quel est ce monsieur ?

GIBOYER.

La fortune ne s'acquiert jamais que par le travail et l'intelligence, je le veux bien : les facultés nécessaires à l'enri-
chissement sont de première catégorie, c'est convenu... tu
vois que je suis bon prince ! Mais il reste un tout petit point
qui détruit ton étalon de fond en comble : c'est que la fortune est héréditaire et que l'intelligence ne l'est pas.

LE MARQUIS, se levant ainsi que Charrier et Vernouillet.

Touché ! Et savez-vous, Messieurs, où aboutissent vos

7

théories révolutionnaires, si vous voulez être logiques ? A
l'abolition de l'héritage ! Vous ne vous en tirerez pas autrement. Pataugez, mes amis, pataugez !

CHARRIER [1].

Oh ! si l'on s'avisait de toucher à l'héritage !...

GIBOYER.

Je suis bien désintéressé dans la question, monsieur le
Marquis, mais je crois que nous nous en tirerons à meilleur
marché. On a pris un faux étalon ; il s'agit de chercher le
véritable. Quel est-il ? est-ce le jugement par les pairs ?
Comment l'exprimera-t-on ? Je n'en sais rien ; mais je suis
sûr que le règne de l'intelligence s'accomplira, parce que
c'est une loi du monde. Le temps seul fait les constitutions,
a dit le premier consul ; laissons faire au temps.

LE MARQUIS.

Cependant tout se corrompt et se moisit.

GIBOYER.

Purifiez l'air avec de la gloire ! Faites du feu en attendant
le soleil !

CHARRIER.

La guerre maintenant !

LE MARQUIS.

J'espère bien mourir avant l'accomplissement de toutes
ces belles choses.

GIBOYER.

En quoi le règne de l'intelligence peut-il vous contrarier ?

LE MARQUIS.

En quoi ? En ce qu'il légitimerait notre défaite, Monsieur !

Il prend son chapeau et fait un pas vers la porte.

---

1. Charrier, Vernouillet, le Marquis, Giboyer.

GIBOYER.

Monsieur le Marquis !... au reste, vous savez ? tout ça
m'est bien égal !

UN DOMESTIQUE, annonçant.

Monsieur de Sergine.

VERNOUILLET, bas à Charrier.

Ah ! diable ! le mari qui est là.

SCÈNE VI.

CHARRIER, VERNOUILLET, SERGINE, LE MARQUIS,
GIBOYER. (Moment de silence embarrassé.)

LE MARQUIS.

Comment se porte monsieur de Sergine ?

SERGINE.

Et vous, Monsieur ?

LE MARQUIS.

Les hasards de la vie parisienne nous ont séparés comme
ils nous avaient rapprochés ; mais si j'ai perdu de vue votre
personne, je n'ai pas perdu de vue votre talent.

VERNOUILLET, passant entre Sergine et le Marquis.

Vous nous trouvez en pleine conférence politique.

CHARRIER, à Sergine.

Est-ce que vous croyez, vous, que la fortune est un faux
étalon de l'intelligence ?

SERGINE.

Oui, Monsieur.

GIBOYER, triomphant.

Vous voyez bien !

VERNOUILLET.

Quel est donc le véritable, selon vous ?

                    LES EFFRONTÉS.

SERGINE.

C'est là le sujet d'une série d'articles que je viens de ter-
miner, et que vous pourrez bientôt lire dans le *Courrier de
Paris.*

VERNOUILLET.

Dans le *Courrier ?* Vous abandonnez donc *la Conscience
publique ?*

SERGINE.

Oui. Monsieur : c'est ce dont je venais vous avertir.

VERNOUILLET.

Au moment où je vous offrais des avantages qu'aucun
autre journal ne pourra vous faire !

SERGINE.

Je vous en suis fort obligé, Monsieur ; mais je ne puis
accepter.

LE MARQUIS.

Vous avez à causer, Messieurs, je vous laisse. (A Sergine.)
Dans quelque journal que paraissent vos articles, je les lirai
toujours avec intérêt.

Il sort.

SCÈNE VII.

CHARRIER, SERGINE, VERNOUILLET, GIBOYER.

CHARRIER.

Quelle est cette folie, mon cher ami ?

SERGINE.

Monsieur et moi nous avons des manières trop différentes
d'envisager les choses.

VERNOUILLET.

En quoi donc ?

SERGINE.

Je respecte la presse, vous la méprisez ; j'en fais une tri-
bune, vous en faites une boutique.

VERNOUILLET.

Une boutique ? Où prenez-vous cela ?

SERGINE.

N'avez-vous pas vendu ce matin même la question du
libre échange à une société de maîtres de forges ? Votre journal est à vous, et je n'ai rien à dire ; mais quand on ne peut
pas chasser les marchands du temple, il faut en sortir soi-
même. C'est ce que je fais.

Il serre la main à Charrier et sort.

SCÈNE VIII.

CHARRIER, VERNOUILLET, GIBOYER.

GIBOYER, à part.

Il est honnête... il a donc de quoi ?

VERNOUILLET, brusquement.

Trouve-moi un autre rédacteur.

GIBOYER.

J'ai ton affaire ; un brave garçon dont la misère a usé
toutes les convictions.

VERNOUILLET.

Qui ?

GIBOYER.

Un inconnu, Jacques Morfaux : tu pourras le prendre à
l'essai.

VERNOUILLET.

Amène-le-moi tout de suite.

GIBOYER.

C'est que je ne sais pas où il perche. Il donne ses au-
diences aux *Mille Colonnes*..... Je l'y trouverai peut-être.
(A Charrier). Monsieur...

Il sort par la droite.

SCÈNE IX.

CHARRIER, VERNOUILLET.

CHARRIER.

Est-il vrai que vous avez vendu la question du libre
échange à des maîtres de forges ?

VERNOUILLET.

Eh bien ! quoi ? Allez-vous me reprocher aussi de faire de
mon journal une boutique ?

CHARRIER.

Non, mais je n'en suis pas moins très-fâché que vous ayez
vendu la question.

VERNOUILLET.

Pourquoi ? voyons, pourquoi ?

CHARRIER.

Parce que je venais vous l'acheter... pour une société
vinicole.

VERNOUILLET.

A la bonne heure ! On peut s'entendre avec vous. Cet
imbécile de Sergine !

CHARRIER.

C'est un fou qui n'entend rien aux affaires.

VERNOUILLET.

Il finira mal, ce garçon-là.

CHARRIER.

Il finira sur la paille.

VERNOUILLET, à part.

C'est un homme de sens. Si je lui demandais sa fille
séance tenante ?

CHARRIER.

Combien avez-vous vendu ?

VERNOUILLET.

Soixante-cinq mille cinq cents francs.

CHARRIER.

Singulier compte !

VERNOUILLET.

C'est un enfantillage de ma part ; j'ai tenu à compléter
mon million.

CHARRIER.

Vous avez un million, vous ?

VERNOUILLET.

Et je suis garçon. C'est une valeur, cela. Mais je ne
compte pas ma main dans mon avoir. Je ne comprends que
les mariages d'inclination.

CHARRIER.

Est-ce que vous auriez la folie d'être amoureux ?

VERNOUILLET.

Ce n'est pas une folie : celle que j'aime, sans avoir la fortune à laquelle je pourrais prétendre, est encore un beau
parti. Si j'apporte le dîner, elle apportera le dessert.

CHARRIER.

A la bonne heure ! Et à quand le mariage ?

VERNOUILLET.

Oh ! ce n'est pas fait. Je crains des difficultés de la famille.

CHARRIER.

Et pourquoi?

VERNOUILLET.

La jeune personne n'a que dix-huit ou dix-neuf ans, et j'en ai près de quarante.

CHARRIER.

Qu'importe? Vous n'avez jamais fait d'excès; vous êtes bien conservé. J'avais vingt ans de plus que ma femme, et elle a été parfaitement heureuse.

VERNOUILLET.

Et puis ce maudit procès n'est-il pas encore bien récent?

CHARRIER.

Bah! qui est-ce qui s'en souvient?

VERNOUILLET.

Il m'a fait du tort auprès de bien des gens.

CHARRIER.

Auprès de ceux qui n'ont pas su le fond des choses: mais vous avez des amis qui se font un devoir de l'expliquer.

VERNOUILLET.

Ainsi, vous trouvez que les parents auraient tort de me refuser?

CHARRIER.

Ils seraient archi-fous. — Ah! çà, on m'attend chez moi...

Il remonte la scène, et va prendre son chapeau qu'il a déposé en entrant
à droite de la porte du fond.

VERNOUILLET [1].

Je suis enchanté de vous voir dans des sentiments aussi raisonnables, cela m'enhardira à vous faire ma demande.

1. Vernouillet, Charrier.

CHARRIER.

Hein! Quoi? Quelle demande?

VERNOUILLET.

C'est votre fille que j'aime, et toute mon ambition serait d'être votre gendre.

CHARRIER, descendant en scène.

En vérité, mon cher ami, vous me prenez tellement à l'improviste...

VERNOUILLET.

Vous connaissez ma position de fortune.

CHARRIER.

Elle est superbe... Mais ma fille est bien jeune pour vous.

VERNOUILLET.

Vous aviez vingt ans de plus que madame Charrier, et elle a été parfaitement heureuse.

CHARRIER.

Oh! parfaitement... Oui, mais elle courait une chance que je ne voudrais pas que ma fille courût. Et puis, franchement, votre procès vous a fait du tort.

VERNOUILLET.

Auprès de ceux qui ne savent pas le fond des choses; mais vous le savez, vous.

CHARRIER.

Oui... mais l'opinion publique... Je puis la braver pour moi-même... En ai-je le droit quand il s'agit de mon enfant?

VERNOUILLET.

L'opinion publique n'a jamais eu la mémoire longue, vous le savez aussi bien que moi; et elle l'a plus courte aujourd'hui que de votre temps.

CHARRIER.

Pardon, je ne comprends pas.

VERNOUILLET.

Nous nous comprenons parfaitement. Bref, j'ai à cœur, comme vous, de me justifier par mes actes, et j'y parviendrai comme vous, plus vite même. J'ai déjà commencé : j'ai refusé la subvention du ministère.

CHARRIER.

Bah !

VERNOUILLET.

Et voici la réponse du ministre.

CHARRIER, après avoir lu.

C'est capital ! je vous en fais mon sincère compliment. Du reste, le ministre se connaît en hommes. Vous êtes un caractère, en effet; je n'en veux pas d'autre preuve que le refus de la subvention. C'est un trait antique !

VERNOUILLET.

Vous êtes trop indulgent. En somme, vous trouvez en moi un gendre riche, influent, considérable et considéré... ou sur le point de l'être, qui aime votre fille et qui a traversé les mêmes épreuves que vous... Que voulez-vous de mieux?

CHARRIER.

Tout cela est vrai... parfaitement vrai. Je ne vous dis ni oui ni non. Laissez-moi réfléchir.

VERNOUILLET.

Prenez votre temps. La marquise d'Auberive vous renouvellera ma demande dans quelques jours.

CHARRIER.

La marquise?

VERNOUILLET.

Oui; c'est un de mes plus zélés partisans. Elle est à moi à pendre et à dépendre.

CHARRIER.

Vous ne me disiez pas cela !

VERNOUILLET.

Je vous certifie qu'avant un mois je serai maître de la situation.

CHARRIER.

Eh bien ! ma foi... venez chez nous sans affectation, faites une cour discrète... Je serai enchanté qu'elle réussisse. Je ne peux rien vous dire de mieux.

VERNOUILLET.

Je commencerai dès aujourd'hui.

CHARRIER.

C'est cela... Ah ! diable ! non ! N'allons pas si vite, nous gâterions tout. Il vous faut d'abord gagner mon fils Henri, qui a beaucoup d'influence sur sa sœur, et qui n'est pas très-bien disposé pour vous, je ne vous le cache pas.

VERNOUILLET.

Soyez tranquille ; je me charge de lui, et c'est bien le diable si je ne l'oblige pas à me remercier. Ceux que je ne tiens pas par l'intérêt, l'ambition ou la vanité, je les tiens par leurs plaisirs.

UN DOMESTIQUE, annonçant.

Madame la marquise d'Auberive.

VERNOUILLET.

Que vous disais-je ?

SCÈNE X.

VERNOUILLET, LA MARQUISE, CHARRIER.

LA MARQUISE.

Bonjour, Charrier.

VERNOUILLET.

Quel honneur pour moi, madame la Marquise !

LA MARQUISE.

En effet.

CHARRIER.

Suis-je de trop?

LA MARQUISE.

Au contraire, c'est après vous que je cours. On m'a dit
que vous étiez ici, et comme l'affaire qui m'amenait chez
vous concerne M. Vernouillet...

VERNOUILLET.

Ma demande est faite, Madame; il ne vous reste plus qu'à
l'apostiller.

LA MARQUISE.

Quelle demande? Ah! la main de Clémence. Charrier
sait ce qu'il a à faire et n'a pas besoin de mes conseils.

CHARRIER.

Pardonnez-moi, Madame. Vous aimez trop Clémence pour
n'avoir pas voix au chapitre quand il s'agit de son bonheur,
et je vous avoue qu'en cette circonstance votre avis sera
décisif.

LA MARQUISE.

Raison de plus pour que je ne le donne pas à la légère.
Vous m'accorderez bien vingt-quatre heures de réflexion?

CHARRIER.

D'après ce que m'a dit Vernouillet, j'aurais cru votre opinion toute faite.

LA MARQUISE.

Venez me voir demain. Nous causerons plus sérieusement
et plus commodément chez moi.

VERNOUILLET.

Remarquez, Madame, que ce refus de répondre en ma
présence équivaut à une réponse négative.

LA MARQUISE.

Peut-être bien.

VERNOUILLET.

Mais c'est la ruine de toutes mes espérances !

LA MARQUISE.

Vous en trouverez d'autres !

VERNOUILLET.

Fort bien ! Puis-je savoir en quoi j'ai démérité, depuis hier que vous me promettiez votre entremise?

LA MARQUISE.

Je n'ai rien promis !

VERNOUILLET.

Vous m'avez laissé espérer du moins.

LA MARQUISE.

Je me serai mal expliquée.

VERNOUILLET.

Ou plutôt j'aurai mal compris. Mais mon erreur est excusable; je croyais avoir acquis des droits réels à votre protection.

LA MARQUISE, jetant un portefeuille sur la table.

Il y a cent mille francs dans ce portefeuille. (A Charrier.) C'est vous qui les auriez rapportés à Monsieur, si je vous avais trouvé; mais j'avais hâte de ne plus rien lui devoir... et il me prouve que j'avais raison.

VERNOUILLET.

Je crois comprendre, Madame... Vous passez aussi au *Courrier de Paris.*

'LA MARQUISE, avec hauteur.

Quand vous me rencontrerez dans le monde, puisqu'on

vous y tolère, vous me ferez l'honneur de ne pas me reconnaître.

VERNOUILLET.

Prenez garde, Madame! C'est une déclaration de guerre!

LA MARQUISE.

Soit, Monsieur; s'il faut vous avoir pour ami ou pour ennemi, mon choix est fait.

VERNOUILLET.

En vérité, vous n'êtes pas prudente!

LA MARQUISE.

Cela vous étonne de trouver un peu de bravoure en travers de votre chemin? Si les hommes sont assez lâches pour adorer votre puissance, une femme aura le courage de la flétrir. Adieu, Monsieur. — Votre bras, Charrier, jusqu'à ma voiture.

Elle remonte au fond.

VERNOUILLET.

Nous nous reverrons, mon cher ami!

CHARRIER.

Sans doute; mais diable! diable! voilà qui ne vaut rien.

Il sort avec la Marquise.

SCÈNE XI.

VERNOUILLET, seul.

Elle va déblatérer partout contre moi... Allons, voilà la crise que je redoutais, et elle se présente de la façon la plus désagréable! Mais il n'y a pas à hésiter : je n'ai pas encore assez de racines pour qu'il me soit permis d'accepter un échec. Tant de gens se vengeraient avec délices des poignées de main qu'ils me donnent! Tant pis pour la marquise : elle l'aura bien voulu!

SCÈNE XII.

VERNOUILLET, GIBOYER.

GIBOYER.

J'ai découvert Morfaux.

VERNOUILLET.

Où est-il?

GIBOYER.

A Clichy, le fat! ni plus ni moins qu'un fils de famille.

VERNOUILLET.

Combien doit-il?

GIBOYER.

Six cents francs, dont quatre cents de frais. Faut-il qu'un créancier soit rageur!

VERNOUILLET.

Il faut le faire sortir tout de suite. Voici l'argent. — Non, j'irai avec toi.

Il passe à droite.

GIBOYER.

Cette confiance me flatte.

VERNOUILLET.

Bêta! je veux faire son traité pendant qu'il est encore sous les verrous.

GIBOYER.

Simple et grand.

VERNOUILLET.

A propos, as-tu dans ton sac quelque bonne histoire pour molester une grande dame dans ta prochaine chronique?

GIBOYER.

Qu'est-ce qu'elle fait, ta grande dame?

VERNOUILLET.

Séparée de son mari, une liaison à demi acceptée par le monde. Il faudrait une anecdote amusante qui cassât les vitres.

GIBOYER.

J'en ai un assortiment : le Laquais terrible, le Chien compromettant, le Macaroni indiscret... Tu choisiras.

VERNOUILLET.

Tu me les conteras en route. Partons !

Ils sortent.

FIN DU TROISIÈME ACTE.

ACTE QUATRIÈME

Un petit salon chez madame d'Isigny. Une table de whist au fond à gauche. Porte ouverte au fond, par laquelle on voit une enfilade de salons éclairés pour le bal et pleins de monde. Un canapé sur le devant à droite. Une porte au deuxième plan à droite.

SCÈNE PREMIÈRE.

LE BARON, LE GÉNÉRAL, GIBOYER,
UN QUATRIÈME JOUEUR *tournant le dos au public, à la table de whist.*
On entend la musique du bal.

LE BARON, à Giboyer.

Vous coupez mon sept? Il était roi.

GIBOYER.

Ma foi, il n'en avait pas l'air.

LE BARON.

C'est la seconde fois que cela vous arrive.

GIBOYER.

Je vous ai prévenu que je n'étais pas de première force.

LE BARON.

Si vous étiez seulement de seconde!

GIBOYER, à part.

Il m'ennuie, cet homme-là.

LE GÉNÉRAL.

Le rubber est de huit, Messieurs.

8

LE BARON.

Je demande qu'on retire.

GIBOYER.

Oh! moi aussi.

LE BARON.

Bon! nous sommes encore ensemble! C'est à vous de choisir les places.

GIBOYER.

Je reste où je suis.

LE GÉNÉRAL, *pendant qu'on donne les cartes.*

Avez-vous lu dans *la Conscience publique* l'histoire du Chien compromettant?

LE BARON.

Elle est drôle.

GIBOYER, *à part.*

Je m'en vante.

LE GÉNÉRAL.

Connaissez-vous les masques?

LE BARON.

Dame! ils sont assez transparents : c'est la marquise d'Auberive et M. de Sergine.

LE GÉNÉRAL.

C'est agréable pour ma pauvre marquise!

LE BARON.

Qui est-ce qui signe comtesse de Folleville?

LE GÉNÉRAL.

Quelque bégueule en disponibilité.

GIBOYER.

Que non pas! c'est une petite femme charmante.

LE GÉNÉRAL.

Monsieur la connaît?

GIBOYER.

Beaucoup; mais je respecte la pudeur de son pseudonyme.

LE GÉNÉRAL.

Elle me fait l'effet de n'avoir que celle-là. (Jouant.) Atout!

SCÈNE II.

LES JOUEURS, HENRI, CLÉMENCE, venant de la droite.

CLÉMENCE.

On respire ici.

HENRI.

Assieds-toi.

Il la conduit au canapé à droite.

CLÉMENCE.

Quelle chaleur dans ce salon! J'ai cru que j'allais me trouver mal.

HENRI, à part.

Pauvre petite!

CLÉMENCE.

Ce n'était qu'un étourdissement. Voilà qu'il passe.

HENRI.

Veux-tu que je te ramène à la maison?

CLÉMENCE, avec une gaieté forcée.

Non, je m'amuse beaucoup; le bal est charmant. J'ai des
invitations jusqu'à demain matin. Quel dommage que papa
me défende de valser!... Tu devrais bien lui faire entendre
raison là-dessus. Il y a maintenant beaucoup de demoiselles
qui valsent.

HENRI.

Espères-tu me persuader que la valse te tient si fort au cœur ?

CLÉMENCE.

Ce n'est pas tant la valse ; mais on a l'air d'une sotte quand on refuse.

HENRI.

Tu ne me donnes pas le change, ma pauvre Clémence. Tu as beau te bassiner les yeux avec de l'eau fraîche, je vois bien que tu as pleuré. Va, ne te gêne pas pour moi, ma chérie ; ta fausse gaieté me fait plus de peine que ne m'en ferait ta tristesse. Si tu te plaignais à moi, cela te soulagerait du moins, et je te serais bon à quelque chose.

CLÉMENCE, sérieuse.

Qui te dit que je ne veuille pas me donner le change à moi-même? Je ne suis pas une enfant gâtée, mon cher Henri ; j'ai beaucoup réfléchi depuis quelques jours, et j'ai compris que je n'ai pas le droit de me consacrer à ma tristesse... Si nous étions orphelins, ce serait différent ; je me tiendrais pour veuve ; je te demanderais de te marier le plus tôt possible et de recueillir dans ta maison le deuil de mes espérances. Mais je ne peux pas faire ce chagrin-là à notre pauvre père ; mes rêves évanouis ne doivent pas détruire les siens, et comme je suis résolue à accepter le mari qu'il me choisira, je travaille à raffermir mon cœur.

HENRI.

Quoi! tu te résignerais...

CLÉMENCE.

Il y a autre chose que l'amour dans la vie d'une honnête femme. J'estimerai mon mari et j'adorerai mes enfants.

HENRI.

Tu es une brave fille, Clémence.

Entre le Vicomte.

LE VICOMTE.

Eh bien, monsieur Henri, voilà comme vous m'enlevez ma danseuse ?

CLÉMENCE.

J'étais venue respirer un peu pendant une valse.

LE VICOMTE.

Dépêchons-nous ; on se place. (Il l'emmène.)

SCÈNE III.

LES JOUEURS, HENRI.

HENRI.

Pauvre chère enfant ! Quel courage et quel bon sens ! Quel beau couple elle aurait fait avec Sergine !... Ah ! je la déteste cette marquise ! Je ne suis pas très-fâché que ce coquin de Vernouillet lui ait lancé un pétard dans ses jupes.

(Il va pour sortir par le fond et se croise sur la porte avec Vernouillet.)

SCÈNE IV.

LES JOUEURS. VERNOUILLET, HENRI.

VERNOUILLET.

Monsieur Henri Charrier, je crois ?

HENRI.

Lui-même, Monsieur ; et vous ?

VERNOUILLET.

Vernouillet.

HENRI.

Fondateur de la banque territoriale ?

VERNOUILLET.

Et directeur de *la Conscience publique.*

HENRI.

Je ne doute pas que vous ne la dirigiez dans la voie du salut.

VERNOUILLET.

Avez-vous lu le feuilleton d'hier sur le nouveau ballet ?

HENRI.

Certainement.

VERNOUILLET.

Mlle Taffetas n'y est pas maltraitée.

HENRI.

Beaucoup mieux qu'elle ne mérite. Ce n'est pas une artiste, c'est une simple espiègle.

VERNOUILLET.

Tiens ! j'avais cru trouver une occasion de vous être agréable.

HENRI.

Très-reconnaissant de l'intention, Monsieur ; mais puis-je savoir à quoi je dois une bienveillance... que je ne crois mériter en aucune façon ?

VERNOUILLET.

A l'amitié respectueuse que je porte à Monsieur votre père. C'est un homme dont toute la vie est un exemple et un conseil : il m'est plus cher encore par le bien qu'il me fera faire que par le bien qu'il m'a fait. Malheureusement pour moi, par la hauteur même de sa position il échappe à ma reconnaissance ; je me dédommagerai en la reportant sur vous tout entière, si vous me le permettez.

HENRI.

Monsieur... (À part.) Je ne peux pourtant pas le rudoyer.

VERNOUILLET.

Je mets mon journal à votre disposition. Si vous avez quelqu'un à servir...

HENRI.

Je n'ai personne.

VERNOUILLET.

Tant pis, Monsieur, tant pis. A propos, faites-moi le plaisir
de me donner un renseignement. Vous connaissez, m'a-t-on
dit, un jeune musicien nommé Paul Tremblay?

HENRI.

En effet, c'est un de mes amis.

VERNOUILLET.

Il m'est recommandé; on m'a raconté qu'il donne des
leçons de piano pour soutenir sa famille. C'est très-intéres-
sant, mais ce n'est pas assez. A-t-il du talent?

HENRI.

Beaucoup. Il a écrit un magnifique opéra sur un libretto
dont l'auteur est aussi pauvre et aussi obscur que lui-même,
et il meurt de faim sur ce chef-d'œuvre qui n'obtient pas
même d'audition.

VERNOUILLET.

C'est bien; votre recommandation me suffit. Je ferai entendre sa musique chez moi, et j'inviterai le directeur de
l'Opéra.

HENRI.

Ma foi, vous ferez là une bonne action.

VERNOUILLET.

On le jouera, je vous en réponds. Si le directeur ne veut
pas s'exécuter à l'amiable, je le ferai mettre en demeure par
le feuilleton.

HENRI.

D'autant plus qu'il y a de bonnes choses à lui dire.

VERNOUILLET, lui prenant le bras.

Voulez-vous faire l'article vous-même?

HENRI.

Ce n'est pas mon état; mais enfin, de deux choses l'une :
ou l'Opéra n'est pas une institution nationale, et alors il ne
faut pas lui donner de subvention; ou c'en est une, et alors
il doit aider à l'éclosion d'une école française en ouvrant ses
portes aux jeunes gens.

VERNOUILLET.

C'est très-juste. Je vous remercie d'avoir levé ce lièvre.
Je suis toujours heureux de trouver des abus à combattre,
des torts à redresser. Voilà la véritable mission de la presse,
sa vraie grandeur.

CHARRIER, traversant le théâtre de la droite au fond.

Henri au bras de Vernouillet?

Il sort par le fond.

SCÈNE V.

LES MÊMES, LA VICOMTESSE.

HENRI, à part.

Me serais-je trompé sur son compte?

LA VICOMTESSE, entrant du fond.

Vous êtes aimable, monsieur Henri! La cinquième valse
est commencée.

HENRI.

Oh! Madame, que de pardons! Je me suis oublié à
causer...

LA VICOMTESSE.

Avec cet homme épouvantable? Vous êtes bien osé.

VERNOUILLET.

En quoi donc épouvantable, Madame?

LA VICOMTESSE.

Fi! vous avez été féroce pour cette pauvre marquise.
Votre histoire du Chien compromettant est une abomination.

VERNOUILLET.

Ah! ne m'en parlez pas; je suis au désespoir! L'article a
passé à mon insu.

LA VICOMTESSE.

Bon apôtre! Avec tout cela la pauvre femme n'ose plus se
montrer; elle n'est pas venue ce soir, et en vérité j'en suis
presque bien aise; sa présence serait un embarras pour tout
le monde. Ah! il ne fait pas bon être de vos ennemis.

VERNOUILLET.

Elle en était donc?

LA VICOMTESSE.

Qu'il est candide! Allons, monsieur Henri, un tour de
valse.

HENRI.

Est-ce que ça comptera?

LA VICOMTESSE.

Je vous dédommagerai au cotillon.

Elle sort avec Henri par le fond.

SCÈNE VI.

LES JOUEURS, VERNOUILLET.

VERNOUILLET, à part.

Cette grande dame devait me perdre; je n'ai eu qu'à souf-
fler sur elle, et elle n'ose plus se montrer. Son appui m'aurait
moins établi que ne l'a fait cette petite exécution. On sait
maintenant que qui s'y frotte s'y pique; et si Charrier se

croyait à l'abri sous son titre de copropriétaire de mon journal... j'ai ma botte secrète : je lui rachète sa part. Allons le trouver, et qu'il s'exécute ce soir même.

Il sort par le fond.

LE BARON, à Giboyer, qui éternue.

Vous êtes enrhumé?

GIBOYER.

Comme vous voyez. (A part.) Ça m'apprendra à me faire tondre pour aller dans les raouts.

LE GÉNÉRAL, à Giboyer.

Vous gagnez vingt-cinq fiches, Monsieur : voilà vingt-cinq louis.

GIBOYER.

Comment? nous jouions un louis la fiche?

LE GÉNÉRAL, quittant la table de jeu.

N'est-ce pas votre jeu ordinaire?

GIBOYER.

Si fait, si fait. (A part, se levant.) J'irai souvent dans le monde.

Les joueurs se lèvent.

SCÈNE VII.

LES MÊMES, LE VICOMTE.

LE VICOMTE.

Vous ne jouez plus, Général?

LE GÉNÉRAL.

Ma foi, non; je perdrais jusqu'à mes culottes.

GIBOYER, pudique.

On a vingt-quatre heures pour payer.

LE VICOMTE, au Baron[1].

Vous n'étiez pas hier au mariage de mademoiselle de Beau-
séant ?

LE BARON.

Je n'ai pas pu y aller.

LE GÉNÉRAL.

Elle a donc enfin permuté ?

LE VICOMTE.

Nous avons découvert son âge à la mairie. Elle se mariait
précisément le jour anniversaire de sa trente-cinquième an-
née : c'est assez piquant.

LE GÉNÉRAL.

Nous appelons cela passer à l'ancienneté.

LE VICOMTE.

Je vous assure qu'elle paraissait toute jeunette avec ses
yeux baissés et sa fleur d'oranger.

LE GÉNÉRAL.

De la fleur d'oranger à trente-cinq ans !

GIBOYER.

Le fait est qu'elle avait droit à des oranges.

LE GÉNÉRAL.

Ah ! ah ! le mot est joli... je le répéterai.

LE VICOMTE.

Moi aussi.

GIBOYER, à part.

Et moi donc !

LE BARON, bas au Vicomte.

Comment s'appelle ce Monsieur ?

1. Giboyer, le Baron, le Vicomte, le Général.

LE VICOMTE, bas.

Je n'en sais rien, mais je soupçonne que c'est la comtesse de Folleville.

LE GÉNÉRAL.

Canaille !

LE VICOMTE.

Oh ! Général...

Il l'emmène au fond.

LE BARON, à part.

Un homme précieux ! S'il voulait dire un mot de mon salon? (Haut.) Je suis bourru au whist, Monsieur, mais je ne le suis que là ; et je serais très-heureux que vous vinssiez vous en assurer à mes réunions du lundi.

GIBOYER.

Monsieur...

LE BARON.

Mon salon a la prétention d'être le Conservatoire de la causerie ; vous y prendrez une place brillante.

GIBOYER.

À qui ai-je l'honneur ?...

LE BARON, tirant sa carte.

Baron de La Vieuxtour. Je compte sur vous, n'est-ce pas ?

GIBOYER.

Mille grâces !

LE BARON, lui donnant la main.

À lundi !

Il s'éloigne.

GIBOYER, à part.

Il n'y a pas à dire : ces gens-là sont bien élevés !

LE VICOMTE, revenant à Giboyer [1].

Il paraît que vous avez été étourdissant d'esprit.

1. Giboyer, le Vicomte.

GIBOYER.

Moi? Je n'ai rien dit.

LE VICOMTE.

Vous vous figurez cela, nabab que vous êtes! Mais nous ne sommes pas habitués à ces profusions-là, nous autres.

GIBOYER.

Monsieur le Vicomte!

LE VICOMTE.

Ce n'est pas surprenant d'ailleurs : vous êtes d'une famille de prodigues.

GIBOYER.

D'une famille de prodigues?

LE VICOMTE.

N'êtes-vous pas allié de très-près à la comtesse de Folleville?

GIBOYER.

Heu! heu!

LE VICOMTE.

Sa chronique est ravissante; elle a un succès fou. Tout le monde voudrait connaître l'auteur... *(Lui tendant la main.)* et j'ai la modestie de dire que je ne le connais pas.

GIBOYER.

Oh! monsieur le Vicomte! *(A part.)* Ils sont charmants!

SCÈNE VIII.

LES MÊMES, LA VICOMTESSE.

LA VICOMTESSE, *venant de la droite.*

Monsieur de Boisrobert vient d'arriver... courez donc!

LE VICOMTE.

Un académicien! — Permettez-moi, ma chère amie, de

vous présenter un cousin germain de la comtesse de Folleville. *(Bas.)* Achevez de me le gagner !

Il sort par la droite.

SCÈNE IX.

GIBOYER, LA VICOMTESSE.

LA VICOMTESSE, s'asseyant sur le canapé.

Votre cousine est un peu méchante, Monsieur ; mais j'aime passionnément l'esprit.

GIBOYER, se dandinant.

Alors, craignez le sort de Narcisse.

LA VICOMTESSE.

Mon Dieu, non : je ne suis pas spirituelle, et j'en suis bien aise : l'esprit est un attribut viril. Le seul reproche que je fasse à votre cousine, c'est d'être une femme.

GIBOYER.

Si elle le savait, elle s'empresserait de changer de sexe.

LA VICOMTESSE.

Dieu m'en garde !

GIBOYER.

Et pourquoi ?

LA VICOMTESSE.

Qui sait ? Votre cousin serait peut-être dangereux.

GIBOYER.

Pas tant que vous, je vous jure.

LA VICOMTESSE.

Comment l'entendez-vous, Monsieur... *(A part.)* Je ne sais pas son nom. *(Haut.)* Est-ce que vous ne dansez pas ?

GIBOYER.

La danse n'est qu'un prétexte à conversation, et je ne connais personne ici.

LA VICOMTESSE.

Invitez-moi. Je vous donne... attendez... *(Elle consulte son carnet de bal.)* la quatrième contredanse. Écrivez votre nom là.

Elle lui donne le carnet.

GIBOYER, à part.

Écrirai-je Giboyer?

Il écrit et rend le carnet.

LA VICOMTESSE, lisant.

Anatole de Boyergi... *(Elle se lève.)* Vous êtes des nôtres! Je m'en doutais à vos manières, et je suis charmée de ne pas m'être trompée.

GIBOYER, à part.

Elle est adorable !

LA VICOMTESSE.

Je vous préviens que j'ai horreur de tous les révolutionnaires, quelle que soit leur nuance.

GIBOYER.

Ma foi, moi aussi, Madame.

LA VICOMTESSE.

Nous nous entendrons.

Ici Giboyer éternue, tire son mouchoir et laisse tomber sa pipe.

GIBOYER, à part.

Oh ! ma pipe !

LA VICOMTESSE.

Vous laissez tomber quelque chose.

GIBOYER.

Ce n'est pas à moi.

LA VICOMTESSE, *se pinçant les lèvres pour ne pas rire.*

A moi non plus.

Elle sort par le fond.

GIBOYER, *seul, à sa pipe.*

Je ne te mènerai plus dans le monde. *(On entend la musique du bal.)* Allons voir danser ces pantins.

Il sort par le fond.

SCÈNE X.

CHARRIER, CLÉMENCE, *entrant par la droite.*

Pendant cette scène on aperçoit, par la porte du fond, Vernouillet qui se promène dans le second salon.

CLÉMENCE.

Où me conduis-tu ?

CHARRIER.

J'ai à te parler sérieusement.

CLÉMENCE.

Au bal ?

CHARRIER.

Au bal ou ailleurs, qu'importe ! Je t'ai toujours dit que je te marierais selon ton cœur : penses-tu à quelqu'un ?

CLÉMENCE, *qui s'est assise sur le canapé.*

Non, père.

CHARRIER, *assis à côté de Clémence.*

Tu es pourtant en âge de te marier.

CLÉMENCE.

Rien ne presse. Je suis heureuse auprès de toi et d'Henri.

CHARRIER.

Mais je me fais vieux, et je voudrais voir mes petits-enfants établis. C'est mon rêve, tu sais !

CLÉMENCE, *le regardant avec tendresse.*

Je me marierai quand tu voudras.

CHARRIER.

Tu es une bonne fille, ma Clémence. Puisque ton cœur est libre, j'ai un parti à te proposer, et je serais bien heureux qu'il te plût.

CLÉMENCE.

Il me plaît, s'il te convient.

CHARRIER.

Non, non : je ne l'entends pas ainsi. J'attache, il est vrai, un grand prix à cette alliance; mais je ne veux pas que tu l'acceptes uniquement pour me faire plaisir.

CLÉMENCE.

Puisque je n'ai pas de préférence, pourquoi n'accepterais-je pas la tienne les yeux fermés?

CHARRIER.

En un mot, c'est M. Vernouillet.

CLÉMENCE.

M. Vernouillet!

CHARRIER.

Pas si haut... il est là qui attend son arrêt. — Qu'en dis-tu?

CLÉMENCE.

Je ne demande qu'une chose au mariage, mais je la demande absolument : c'est de pouvoir estimer mon mari.

CHARRIER.

Eh bien?

CLÉMENCE.

Je sais que tu as très-bonne opinion de ton protégé; ma marraine m'en a dit aussi beaucoup de bien...

9

CHARRIER, à part.

Tiens!

CLÉMENCE.

Mais mon frère ne l'estime pas, et j'ai aussi grande confiance dans Henri.

CHARRIER.

Il est revenu sur son compte. Si tu étais entrée une demi-heure plus tôt, tu les aurais vus bras dessus, bras dessous, comme une paire d'amis.

CLÉMENCE.

Alors...

CHARRIER.

Je peux donc lui dire que tu l'acceptes?

CLÉMENCE.

Quoi!... si vite?

CHARRIER.

Que tu acceptes sa cour, ma mignonne; s'il te déplaît ensuite, tu pourras toujours te dédire.

CLÉMENCE.

A la bonne heure!

CHARRIER, se lève, s'arrête et regardant sa fille, à part.

Pauvre petit ange! (Il se rassied.) C'est encore un homme jeune, mais ce n'est plus un jeune homme.

CLÉMENCE.

Ah! tant mieux!

CHARRIER.

Il dit qu'il t'aime, mais je ne jurerais pas que ce mariage ne soit pour lui une affaire d'ambition.

CLÉMENCE.

C'est ainsi que je veux être épousée.

CHARRIER.

Tu m'étonnes, mon enfant.

CLÉMENCE.

Un mari qui m'aimerait d'amour me serait une contrainte perpétuelle. Pour ne pas le voir malheureux je m'imposerais des démonstrations qui ne sont pas de mon caractère.

CHARRIER.

Allons, tout est pour le mieux. (Il se lève.) Ah çà! pas de malentendu, je t'en prie. Je ne tiens à ce mariage qu'au point de vue de mes affaires; mais en somme, ma grande affaire c'est ton bonheur.

CLÉMENCE.

Je t'assure que je serai aussi heureuse que je peux l'être.

Vernouillet est entré pendant ces derniers mots et s'est tenu à l'écart près de la table de jeu.

CHARRIER.

Enfin, puisque tu le veux... (Il va à Vernouillet.) Je vais vous présenter... Invitez-la à danser. (Il lui donne une poignée de main et le conduit à Clémence.) M. Vernouillet, ma fille.

VERNOUILLET.

Voulez-vous m'accorder cette contredanse, Mademoiselle?

CLÉMENCE.

Volontiers, Monsieur. (Elle se lève.) Nous partirons ensuite, n'est-ce pas? père. Je suis fatiguée.

Elle sort par le fond au bras de Vernouillet.

CHARRIER.

Oui, mon enfant. (A part, en les suivant.) Cette petite fille m'avait bien trompé... elle est ambitieuse!

Il sort.

SCÈNE XI.

HENRI, SERGINE, entrant par la droite.

HENRI.

Voici l'endroit que tu cherches ; on peut y causer librement. De quoi s'agit-il ?

SERGINE.

Tu as lu *la Conscience publique* d'aujourd'hui ?

HENRI.

Je l'ai lue.

SERGINE.

J'y suis attaqué personnellement, et la marquise y est insultée de la façon la plus odieuse.

HENRI.

Oh ! la marquise ?... tant pis pour elle.

SERGINE.

Henri, tu ne dis pas ce que tu penses.

HENRI.

Eh ! cette femme-là fait ton malheur et le nôtre !... Mais après tout, tu as raison ; ce n'est pas le moment de se joindre à ceux qui l'insultent. Et elle, a-t-elle lu cette ignominie ?

SERGINE.

Elle n'en avait pas connaissance quand je l'ai quittée avant dîner.

HENRI.

Elle l'aura lue depuis, car elle ne vient pas.

SERGINE.

Elle ne devait pas venir, elle était souffrante ; j'espère

qu'elle dort tranquillement. Mais tu comprends que je ne peux point laisser passer cette gredinerie sous silence.

HENRI.

Parfaitement.

SCÈNE XII.

HENRI, LA MARQUISE, SERGINE.

SERGINE.

Tu vas prendre Vernouillet dans un coin, et tu arrangeras sans bruit une rencontre pour demain. (La Marquise, voyant Sergine et Henri, s'avance sans bruit à deux pas derrière eux.) S'il voulait entrer dans des explications, tu lui dirais que je ne les accepte pas; par conséquent il n'y a qu'à régler les conditions du combat, ce qui peut se faire séance tenante. Je choisis le pistolet.

HENRI.

Très-bien. Attends-moi là.

LA MARQUISE.

Restez, monsieur Henri.

SERGINE.

Vous ici ?

LA MARQUISE.

Oui. Au moment de me mettre au lit, j'ai reçu le numéro du journal avec une marque rouge à l'endroit qui nous concerne : une attention de M. Vernouillet sans doute. Mon premier mouvement a été tout de colère; je me suis habillée à la hâte; je comptais vous trouver ici et vous ordonner de le souffleter en plein bal. Cet éclat me perdait sans ressource; n'importe! il me vengeait. Mais, chemin faisant, je me suis calmée. Le nom que je porte n'est pas à moi seule; l'homme qui a sacrifié à l'honneur de ce nom une vengeance autrement juste que la mienne, Albert, cet homme aurait le droit de me reprocher sévèrement un esclandre irréfléchi. C'est pourquoi vous ne vous battrez pas.

SERGINE.

Mais c'est l'article qui fait l'esclandre ; un duel n'y ajoutera rien, au contraire. C'est la seule protestation possible contre cette ignoble agression, et si vous m'empêchez de protester, vous donnez partie gagnée à Vernouillet, vous invitez les plus lâches à vous attaquer, et vous me couvrez, moi, d'un ridicule que j'accepterais, je vous le jure, s'il devait vous servir, mais qui, loin de là, vous désarme de votre dernière défense.

HENRI.

Il a raison, Madame.

LA MARQUISE.

Non ; il ne sera pas ridicule, il a fait ses preuves. On comprendra que nous reculons devant un aveu public, et on nous en saura gré.

SERGINE.

Nous sommes désignés si clairement.

LA MARQUISE.

Qu'importe ? Du moment que nous ne nous reconnaissons pas, personne n'est obligé de nous reconnaître. Le monde n'en demande pas davantage, et son blâme retombera tout entier sur l'agresseur qui l'aura inutilement troublé dans son hypocrisie. Mais il faut régler la situation ici même pour ne pas laisser aux indécis le temps de se déclarer contre nous. Quand on verra que je fais face à l'orage, soyez sûr qu'il se détournera sur M. Vernouillet. Seulement, mon ami, votre présence me gêne ; vous seriez vous-même assez embarrassé de votre contenance ; quittez le bal, je vous prie, et laissez-moi le champ libre.

SERGINE.

Que penses-tu de tout cela, Henri?

HENRI.

Va-t'en.

LA MARQUISE.

En tous cas, il sera encore temps demain de bâtonner cet homme; permettez-moi aujourd'hui de gouverner la situation à ma guise. M. Henri voudra bien me donner le bras.

SERGINE.

A demain, soit.

(Il sort par la droite.)

SCÈNE XIII.

HENRI, LA MARQUISE.

LA MARQUISE, prenant le bras d'Henri.

Vous êtes un honnête homme, monsieur Henri. J'ai été un peu coquette avec vous; je vous en demande pardon.

HENRI.

Quelle plaisanterie!...

Deux dames paraissent à la porte du fond, et, apercevant la Marquise, font signe à une troisième. La scène se remplit peu à peu pendant ce qui suit.

LA MARQUISE.

C'était dans un moment de désœuvrement et d'ennui; presque tout le mal que nous faisons vient de là. Mais M. Vernouillet m'a créé de l'occupation. Savez-vous la cause de son inimitié?

HENRI.

Il vous aura fait la cour?

LA MARQUISE.

Non. Il veut épouser votre sœur...

HENRI.

Lui? ce drôle!... Qu'il y vienne! Je m'explique maintenant ses chatteries de tout à l'heure.

LA MARQUISE.

J'ai refusé de servir ses projets, de là sa colère.

HENRI.

Il ne sait pas quel camouflet vous lui avez épargné.

LA MARQUISE.

Clémence est ma filleule, et je m'en suis souvenue.

HENRI.

Et vous vous êtes généreusement exposée pour elle! vous lui avez sacrifié votre repos!

LA MARQUISE.

Je lui ferai peut-être encore d'autres sacrifices.

HENRI.

J'ai été inconvenant avec vous, je vous en demande pardon à mon tour. Écoutez : vous êtes dans une crise où le moindre ami a son prix; comptez sur moi, Madame. Si quelqu'un fait mine de ricaner...

Il fait un geste menaçant.

LA MARQUISE.

Gardez-vous-en bien.

SCÈNE XIV.

LE BARON, LE GÉNÉRAL, LE VICOMTE, HENRI, LA MARQUISE, LA VICOMTESSE, VERNOUILLET, GIBOYER, INVITÉS.

LA MARQUISE, à la Vicomtesse qui entre.

Bonjour, chère amie; votre bal est charmant.

LA VICOMTESSE, froidement.

Comme vous venez tard, Madame. Nous commencions à ne plus compter sur vous.

LA MARQUISE.

Ne m'en parlez pas. Il m'arrive la chose la plus singulière : j'ai été un peu indisposée hier, le bruit s'en est répandu, à ce qu'il paraît, car aujourd'hui, en revenant du bois, j'ai trouvé trente cartes à ma porte; et ce soir ç'a été une procession de visites dont j'ai cru que je ne sortirais pas.

LA VICOMTESSE, plus gracieuse.

Vraiment?

LE VICOMTE, au Général.

Quelle aisance ! quelle grâce !

LA MARQUISE.

On dirait que tous mes amis s'étaient donné le mot pour m'accabler de leur intérêt. J'en étais touchée, mais gênée. (Aux dames qui l'entourent.) Je vous en prie, Mesdames, démentez le bruit de ma mort s'il vient jusqu'à vous. Je ne me suis jamais si bien portée.

LE VICOMTE.

Et nous en sommes tous heureux, Madame.

VERNOUILLET, qui est entré depuis quelques instants, à part.

Est-ce qu'elle reprendrait la corde, par hasard?

LA MARQUISE.

Ah ! monsieur Vernouillet... charmée de vous voir.

LE GÉNÉRAL, à part.

Elle va attaquer; brave cœur !

LA MARQUISE, à Vernouillet.

Les oreilles ont dû vous tinter ce soir.

VERNOUILLET.

Pourquoi donc, Madame?

LA MARQUISE.

On a beaucoup parlé de vous chez moi. J'avais quelques-uns de vos amis, entre autres le président de la sixième chambre.

VERNOUILLET.

Lui !

LE GÉNÉRAL, à part.

En pleine poitrine !

VERNOUILLET.

Je le tiens pour mon ennemi personnel.

LA MARQUISE.

Quelle erreur ! Il a gardé de vous les meilleurs souvenirs. Je sais qu'il y a eu un peu de froid à la fin de vos relations, mais il espère bien vous revoir un jour ou l'autre.

Mouvement dans l'assistance. Chuchotements.

VERNOUILLET, à part.

Elle m'écrase.

LA MARQUISE, négligemment, et par-dessus l'épaule.

A propos, je vous dois des remercîments; votre chronique des salons a achevé de dissiper ma migraine. Il y a une histoire de chien compromettant qui m'a fait rire aux larmes.

LE BARON, à part.

Voilà le coup de grâce !

VERNOUILLET.

Je suis heureux, Madame, que vous ayez pris cette mauvaise plaisanterie pour ce qu'elle vaut. J'expliquais tout à l'heure à madame d'Isigny que l'article a passé à mon insu, et je me préparais à vous en faire mes très-humbles excuses.

HENRI, à part.

Insolent!

LA MARQUISE, après avoir promené ses yeux sur les gens qui ricanent.

Vous êtes un lâche, Monsieur; vous insultez une femme que personne n'a le droit de défendre, personne!

LE MARQUIS, qui était au fond au milieu d'un groupe, s'avançant.

Excepté moi, Madame. — Quel est l'auteur de l'article, Monsieur?

VERNOUILLET, retenant Giboyer qui fait un mouvement.

Dès qu'il s'agit de responsabilité, c'est moi.

LE MARQUIS.

Bien, Monsieur. — Venez, Marquise.

Il offre le bras à sa femme et la promène de groupe en groupe; on s'empresse
autour d'eux, et la foule passe peu à peu dans le second salon.

GIBOYER, à Vernouillet.

Pourquoi as-tu pris ma place?

VERNOUILLET.

Ce duel est une bonne fortune pour moi : c'est un brevet de gentleman que me signe le marquis.

GIBOYER.

Oui, mais c'est toi qui fourniras le parchemin. Le marquis passe pour une fine lame.

VERNOUILLET.

C'est ce qui me rassure : il n'aura pas la maladresse de me tuer. Je me laisserai faire une égratignure qui me permettra de refuser toutes les provocations à venir.

GIBOYER.

C'est tout profit. Il faut monter ce duel avec luxe, te procurer des témoins ronflants!

VERNOUILLET.

Je les prendrai dans l'*Almanach de Gotha,* et je les défie
de me refuser! Tu me feras un compte rendu...

GIBOYER.

Aux truffes! C'est la soirée aux événements.

VERNOUILLET.

Que t'est-il arrivé?

GIBOYER.

Le vicomte me fourre à une table de whist; après avoir
joué tranquillement pendant deux heures, j'apprends que je
jouais un louis la fiche. Juge de mon émotion.

VERNOUILLET.

Combien perds-tu?

GIBOYER.

Si je perdais, ça me serait bien égal.

FIN DU QUATRIÈME ACTE.

ACTE CINQUIÈME

Le salon du premier acte.

SCÈNE PREMIÈRE.

HENRI.

Il entre par la gauche et tient à la main une lettre qu'il décachète.

De la jeune Taffetas. (Il lit.) « Chien-Chien chéri à sa biche, la vie est pleine de tristesse. J'étais si heureuse avec toi ! Pourquoi les journaux se sont-ils occupés de moi? Le général Ratafieff vient de m'offrir un engagement de deuxième danseuse à Saint-Pétersbourg, avec des appointements fabuleux. Je n'aurai pas même la consolation de recevoir tes adieux, le général s'étant installé chez moi jusqu'au départ, de peur que l'Angleterre ne m'enlève à la Russie ; mais sois tranquille, mon adoré, je te n'oublierai pas... » Elle fera un nœud à son mouchoir. «Ton inconsolable, — Taffetas. » Ça fend le cœur. —Me voilà sur le pavé. Chercherai-je une autre paire de pieds? Ou prendrai-je du service chez une femme du monde? (Bâillant.) Ah! je ferais aussi bien de me marier. Je mène une vie stupide. Quand je pense que sans mon père je serais peut-être capitaine aujourd'hui et décoré. Il sera bien avancé quand je serai... autre chose.

SCÈNE II.

HENRI, SERGINE, venant de la droite.

HENRI.

Toi, ici?

SERGINE.

En effet, je n'y devais plus revenir.

HENRI.

Il y a donc du nouveau?

SERGINE.

La marquise est réconciliée avec son mari.

HENRI.

Quelle chance !

SERGINE.

Et ils sont partis tous deux pour l'Italie.

HENRI.

Conte-moi donc comment cela s'est passé?

SERGINE.

Le marquis s'est conduit avèc une générosité et un tact parfaits. Après avoir donné ce matin un coup d'épée dans le bras au sieur Vernouillet...

HENRI.

Bon !

SERGINE.

Il a prié les témoins de l'accompagner chez sa femme. — « Vous êtes vengée, Madame, lui a-t-il dit; mais vous voyez à quelles calomnies vous expose votre isolement. Faites donc un sacrifice, non à moi qui ne le mérite guère, mais à l'honneur de votre nom. Oubliez mes torts et rendez-moi le droit de vous protéger... c'est le seul que je prétende de notre réconciliation. » — Tout cela dit d'un ton qui n'amena pas le moindre sourire sur les lèvres des assistants. La marquise lui a tendu la main, et, restés seuls, ils sont convenus de passer un an à l'étranger pour faciliter leur contenance.

HENRI.

D'où sais-tu tous ces détails?

SERGINE.

De la marquise elle-même.

HENRI.

La scène de vos adieux a dû être assez embarrassante et
embarrassée?

SERGINE.

Non. Elle a été sérieuse et franche comme il sied entre
gens qui n'ont rien à se reprocher l'un à l'autre, et qui se
restituent mutuellement à leurs véritables destinées. Deux
existences confondues pendant cinq ans ne se séparent pas
sans émotion et sans un tendre regret pour les jours heureux; mais si nos voix ont tremblé dans les dernières paroles, si nos yeux se sont mouillés dans le dernier regard,
nous avons feint de ne pas nous en apercevoir, et nous nous
sommes quittés avec un sourire.

HENRI.

Vive la joie! te voilà libre... et sans avoir manqué à aucun de tes devoirs. La marquise n'est pas sacrifiée, et j'en
suis bien aise; c'est une femme de cœur... Le Vernouillet
nous a rendu un fier service! Ne lui en sachons aucun gré.
— Embrassez-moi, mon gendre.

SERGINE.

Brave ami!

HENRI.

J'ai broyé assez de noir depuis huit jours. — Il s'agit à
présent de mettre le siége devant le père.

SERGINE.

Mais ta sœur consentira-t-elle?...

HENRI.

Si elle consentira! Mais la pauvre enfant ne demande...
qu'à suivre mes conseils en toutes choses. Je prends même
là une responsabilité... Vous la rendrez heureuse, jeune
homme?

SERGINE.

Sois tranquille. Ce n'est pas un cœur flétri que je lui apporte; de la jeunesse, il n'a usé que les curiosités perverses et le dédain des joies légitimes; il n'a jeté au feu que ses scories; il s'est purifié et non consumé.

HENRI.

Tu n'as pas besoin de me rassurer, je te connais.

SERGINE.

Mais ton père me connaît moins que toi, et j'ai peur que cette liaison...

HENRI.

Oh! ce n'est pas là que le bât le blessera, si tant est qu'il le blesse. En tous cas, ce ne serait qu'une affaire de temps. Au surplus, nous saurons bientôt à quoi nous en tenir; je vais aborder la question tout de suite. Retourne chez toi; dans une heure, je te porterai des nouvelles.

SERGINE.

C'est ma vie que tu as entre tes mains, cher Henri, songes-y bien! et... Adieu. (A part.) Je suis ému comme un enfant.

Il sort par la droite.

SCÈNE III.

HENRI, seul.

J'ai failli lui dire que ma sœur l'aime... c'était au moins inutile. Mon père est le plus honnête et le meilleur des hommes; mais il a des idées étroites sur certains sujets. Il y aura de la résistance, je ne peux pas me le dissimuler.

SCÈNE IV.

CHARRIER, HENRI.

HENRI.

Bonjour, père. As-tu bien dormi?

CHARRIER.

Et toi, mon ami? Tu es resté tard au bal, je suppose?

HENRI.

Tu l'as quitté trop tôt; tu as perdu une scène des plus
dramatiques.

CHARRIER.

Bah!

HENRI.

La marquise a apostrophé Vernouillet devant tout le
monde.

CHARRIER.

Tiens! à quel propos?

HENRI.

A propos de l'article que tu sais bien. Le marquis a pris
fait et cause pour elle, et voilà le mari et la femme rapa-
triés.

CHARRIER.

Diable! c'est fâcheux pour Vernouillet, très-fâcheux.

HENRI.

D'autant plus que le marquis lui a donné ce matin un coup
d'épée.

CHARRIER.

Dangereux?

HENRI.

Non, au bras.

CHARRIER.

A-t-il du bonheur, ce Vernouillet! Il est né coiffé, cet être-là : il arrivera à tout.

HENRI.

Excepté à l'estime des honnêtes gens.

CHARRIER.

Mais il y est arrivé, il y est en plein. Le coup d'épée du marquis le baptise. A l'heure qu'il est, Vernouillet est le plus beau parti de France.

HENRI.

Tu crois? Donne-lui donc ta fille!

CHARRIER.

C'est ce que je fais.

HENRI.

Hein! Tu plaisantes ?

CHARRIER.

Non pas; les paroles sont échangées, et je venais te l'annoncer.

HENRI.

Tu donnes ta fille à Vernouillet, toi, à un homme taré?

CHARRIER.

Il ne l'est plus, te dis-je; il est accepté partout; tout le monde lui donne la main, toi comme les autres... Je t'ai vu.

HENRI.

Il m'avait entortillé.

CHARRIER.

D'ailleurs, j'ai toujours promis à ta sœur de la laisser maîtresse de son choix, et elle veut Vernouillet.

HENRI.

Allons donc !

CHARRIER.

Elle le veut! Je lui ai fait toutes les objections imaginables comme c'était mon devoir.

HENRI.

Elle se sera imaginé que tu tenais beaucoup à ce mariage...

CHARRIER.

Mais non! je l'ai mise parfaitement à son aise.

HENRI.

Alors je n'y comprends rien. Ce qu'il y a de certain, c'est qu'elle aime quelqu'un.

CHARRIER.

Ce n'est pas possible! Pourquoi ne me l'aurait-elle pas dit?

HENRI.

Celui qu'elle aime n'était pas libre; il l'est maintenant

CHARRIER.

Sapristi, que c'est désagréable! Me voilà dans un joli embarras vis-à-vis de Vernouillet. Je m'en ferais un ennemi déclaré.

HENRI.

Bah! il ne peut rien contre toi.

CHARRIER.

Qui sait? Il est puissant et retors.

HENRI.

En tout cas, il ne peut rien de pis que de faire le malheur de ta fille!

CHARRIER.

Je n'ai pas envie de la sacrifier, sois tranquille! Puisqu'elle aime quelqu'un, elle l'épousera; je ne suis pas un père dénaturé. — Ce monsieur avait bien affaire de devenir libre! Comment l'est-il devenu, cet animal-là? Qui est-ce?

HENRI.

Sergine.

CHARRIER.

Sergine? un journaliste? un écrivain? un homme sans état?... Jamais! jamais! au grand jamais!

HENRI.

Puisqu'elle l'aime et que tu la laisses maîtresse de son choix...

CHARRIER.

A condition qu'elle aimera quelqu'un de riche!

HENRI.

Elle l'est assez pour deux.

CHARRIER.

Assez pour deux! Il suffit d'introduire cette petite phrase-là dans la maison la plus solide pour la ruiner en moins de trois générations. Non! non! j'ai tiré ma famille du néant par mon travail; n'espère pas que je prête jamais les mains à sa déchéance.

HENRI.

Mais si ce mariage la diminue d'un côté, il la relève de l'autre; Sergine a un nom déjà illustre, et toi-même tu tires vanité de le connaître.

CHARRIER.

C'est-à-dire que je suis bien aise de l'avoir à ma table et de l'offrir à mes convives. C'est un homme de mérite, je n'en disconviens pas, et sa fréquentation prouve que je ne suis pas moi-même un imbécile. Mais si j'en tire vanité, comme tu dis, c'est tout ce que j'en veux tirer. On admet ces gens-là dans son salon; dans sa famille, jamais! J'en suis fâché pour Clémence, elle n'avait qu'à mieux placer son affection. Je ne comprends même pas qu'elle se soit amourachée d'un homme en puissance de femme.

HENRI, vivement.

Elle n'a jamais rien su de sa liaison avec la marquise !

CHARRIER.

Comment alors se figurait-elle qu'il n'était pas libre ?

HENRI.

C'est moi qui lui avais dit, pour couper court à toute espérance, qu'il était amoureux d'une jeune fille du faubourg Saint-Germain.

CHARRIER.

J'espère que tu ne t'es pas permis de la tirer d'erreur sans me consulter ?

HENRI.

Non.

CHARRIER.

Eh bien ! laissons les choses comme elles sont. Tu as tranché dans sa racine un amour qui n'était encore qu'un bobo et qui aurait pu devenir un mal sérieux : la douleur est passée, ta sœur n'y songe plus, elle trouve un parti magnifique ; tout est donc pour le mieux. Vernouillet peut m'être très-utile ou très-nuisible, entends-tu ? Tu m'as vu tout prêt à rompre avec lui quand j'ai cru que ta sœur avait une inclination raisonnable ; maintenant que cette rupture ne la conduirait à rien, tu trouveras bon que je n'en brave pas les conséquences de gaieté de cœur, et je te prie très-sérieusement de ne pas m'y exposer.

HENRI.

Prends garde, cher père, tu n'es pas de bonne foi avec toi-même.

CHARRIER.

Quoi? Qu'est-ce à dire?

HENRI.

Oui, tu fais des capitulations de conscience. Tu te persuades que tu ne veux pas de Sergine pour te dispenser de rompre avec Vernouillet, dont tu ne redoutes rien, quoi que tu en dises, mais dont tu attends la pairie.

CHARRIER.

Tu es un imbécile... Je sacrifie ta sœur à mon ambition, n'est-ce pas?... Je suis bien bon de t'écouter. Je te défends d'influencer ta sœur, entends-tu? Je suis meilleur juge que personne de ce qui lui convient, et quand je te dis qu'elle sera heureuse... Va te promener, tu m'ennuies.

Il sort par la gauche.

SCÈNE V.

HENRI, seul.

Défends-moi tout ce que tu voudras... Je ne te laisserai pas mettre un remords dans ta vie.

UN DOMESTIQUE, annonçant de la droite.

M. Vernouillet.

HENRI.

Commençons par obtenir le désistement de ce galant homme.

SCÈNE VI.

HENRI, VERNOUILLET, le bras en écharpe.

HENRI.

Ah! ah! vous apportez l'étrenne de votre écharpe à ma sœur. C'est fort galant.

VERNOUILLET.

Mon seul but était de la rassurer sur cette égratignure.

HENRI.

Si nous profitions de son absence pour causer un peu de choses et d'autres?

VERNOUILLET.

Je serai charmé de faire plus ample connaissance avec mon futur beau-frère.

HENRI.

Asseyez-vous donc. *(Ils s'asseyent à la table.)* Ah çà! mon cher beau-frère, pourquoi voulez-vous épouser ma sœur?

VERNOUILLET.

Pour une seule raison, qui vous paraîtra peut-être suffisante : je l'aime.

HENRI.

Dites-moi tout franchement que vous cherchez à vous marier, que la position de ma famille vous convient, que la dot de ma sœur ne vous semble pas déparée par sa personne... et je vous croirai.

VERNOUILLET.

C'est justement ce qu'on exprime dans le monde par le verbe aimer.

HENRI.

A la bonne heure. Ainsi votre cœur n'est pas plus intéressé dans l'affaire qu'il ne convient?

VERNOUILLET.

Où voulez-vous en venir?

HENRI.

Dans votre position, vous n'êtes pas embarrassé de votre personne, et vous trouverez facilement un parti préférable à ma sœur.

VERNOUILLET.

Est-ce que monsieur votre père vous a chargé de me retirer sa parole?

HENRI.

Non pas : j'agis de mon chef. J'ai d'autres vues sur ma sœur; et puisque vous n'êtes pas touché en plein cœur, je vous prie loyalement et en galant homme de vous désister de votre recherche.

VERNOUILLET.

Je suis très-mortifié, Monsieur, de contrarier vos projets : mais vous comprenez que ce n'est pas un motif suffisant de me retirer. La délicatesse ne m'en ferait un devoir qu'au cas où mademoiselle votre sœur ne m'épouserait pas de son plein gré.

HENRI.

C'est précisément le cas.

VERNOUILLET.

Permettez-moi d'en douter. Monsieur votre père m'a dit hier soir qu'elle agréait ma recherche, je lui ai moi-même déclaré mes sentiments, et elle a paru m'écouter sans la moindre répugnance.

HENRI.

C'est possible; mais j'ai eu ce matin avec elle un entretien qui a changé ses dispositions. Elle vous prie de renoncer à sa main, et par conséquent voilà votre délicatesse en demeure.

VERNOUILLET.

Fort bien, Monsieur; je saurai m'exécuter s'il y a lieu. Mais je vois, par ce que vous me dites, qu'elle n'obéit pas à son impression personnelle, mais à la vôtre; ce n'est pas elle, en somme, qui me refuse, c'est vous, et je ne crois pas être indiscret en vous demandant pourquoi.

HENRI.

Je vous l'ai dit, j'ai d'autres vues sur elle.

VERNOUILLET.

Je ne peux pas me contenter de cette échappatoire; vous êtes trop sérieux pour substituer vos convenances particulières à celles de votre sœur et de votre père, si vous n'aviez pas contre moi des objections graves.

HENRI.

Ne me mettez pas au pied du mur, je vous en prie.

VERNOUILLET.

Pardonnez-moi; j'espère encore qu'il n'y a entre nous qu'un malentendu : c'est le moins que vous m'admettiez à m'expliquer.

HENRI.

Ce n'est pas un malentendu, Monsieur; l'explication serait aussi désagréable qu'inutile : épargnez-nous la à tous les deux.

VERNOUILLET, se levant.

C'est donc à mademoiselle votre sœur que je la demanderai en présence de monsieur votre père.

HENRI, se levant vivement.

Parbleu! j'aime mieux vous la donner moi-même, puisque vous y tenez. Je ne veux pas que vous épousiez ma sœur, parce que vous êtes... Si vous n'aviez pas le bras en écharpe, je vous dirais quoi.

VERNOUILLET.

Dites toujours.

HENRI.

On vous l'a dit assez publiquement.

VERNOUILLET.

Ah! ah! mon procès!

HENRI.

Oui, votre procès.

VERNOUILLET.

Mais il n'y a pas là de quoi fouetter un chat! Quand vous
connaîtrez les affaires, vous saurez que ces choses-là arrivent
aux plus honnêtes gens du monde.

HENRI.

Vous croyez?

VERNOUILLET.

Sans aller bien loin, je pourrais vous citer un homme dont
personne ne conteste l'honorabilité, que vous respectez
vous-même à juste titre...

HENRI.

Et qui a eu un procès analogue au vôtre?

VERNOUILLET.

Absolument identique. Je le relisais encore en venant ici
dans ma voiture : il n'y a que les noms à changer.

HENRI.

Eh bien, si je respecte ce monsieur, je suis prêt à lui en
faire mes excuses.

VERNOUILLET.

Prenez garde, jeune homme! c'est votre père.

HENRI.

Vous en avez menti !

VERNOUILLET.

Qu'est-ce donc qui vous prend?

HENRI.

Mon père n'a pas eu le procès que vous dites, Monsieur ;
c'est une infâme calomnie.

VERNOUILLET, tirant de sa poche un numéro de la *Gazette des Tribunaux*.

Je n'invente rien ; lisez plutôt.

HENRI, lui arrachant le journal et le jetant à terre.

Sortez !

VERNOUILLET.

Monsieur !... (Froidement.) J'ai fait mes preuves ; et de votre part rien ne peut m'offenser.

HENRI.

Sortez !

VERNOUILLET.

Je reviendrai dans une demi-heure. Vous aurez compris qu'il ne faut pas commencer par se cracher au visage, quand on doit finir par s'embrasser.

Il sort par la droite.

SCÈNE VII.

HENRI, seul.

Impudent coquin !... quand il aura l'usage de ses deux bras, je lui infligerai une correction dont il se souviendra ! Eh bien ! il a laissé là son journal ? (Ramassant le journal.) Mon père a peur de lui ! Pourquoi ? — Allons donc ! c'est impossible !... Je le saurais ! (Regardant le journal.) 23 décembre 1830... Je n'avais que huit ans. — Non ! je ne lirai pas ! je ne ferai pas cette injure à mon père. Brûlons ! (Il s'approche de la cheminée, regarde longtemps le journal et l'ouvre vivement.) Ayons-en le cœur net.

Il lit en silence, debout ; il s'essuie le front avec son mouchoir, s'assied à droite de la table et continue sa lecture. Enfin il repousse le journal et éclate en sanglots, accoudé sur la table et la tête dans ses mains.

SCÈNE VIII.

CHARRIER, HENRI, puis CLÉMENCE.

CHARRIER, à part.

Il pleure?... (Il prend le journal sur la table.) 23 décembre 1830...

Il reste atterré, Henri lève la tête ; leurs regards se rencontrent, le journal
échappe des mains de Charrier, ils restent tous deux les yeux baissés.
— Clémence entre par la droite ; Henri en la voyant se précipite sur
le journal et le jette au feu.

CLÉMENCE, allant à Charrier.

Qu'as-tu donc, père? ta figure est bouleversée!

HENRI, descendant vers sa sœur.

Je viens de lui faire part d'une résolution qui l'afflige,
mais qui est irrévocable. Je vais m'engager.

Charrier tombe sur une chaise, accablé.

CLÉMENCE.

T'engager... comme soldat?

HENRI.

Oui; c'est le seul métier qui me convienne. Je l'ai toujours
aimé, tu le sais, et si je n'ai pas suivi plus tôt ma vocation,
c'est par déférence filiale; mais aujourd'hui mon père lui-
même me relève de l'obéissance.

CLÉMENCE, à Charrier.

Tu le laisses partir?

CHARRIER, d'une voix étranglée.

Il est le maître.

HENRI, prenant sa sœur dans ses bras.

Je reviendrai, ma chérie, et tu pourras être fière de moi.
D'ici là tu chercheras mon nom dans les bulletins d'Afrique,

entre ton mari et tes marmots, dont l'aîné s'appellera Henri, n'est-ce pas?

CLÉMENCE.

Mon mari?

HENRI.

Oui, ton mari, Sergine. C'est toi qu'il aime.

CLÉMENCE.

Moi?

HENRI.

Il n'a jamais aimé que toi... c'est un malentendu qu'on t'expliquera plus tard.

CLÉMENCE, se tournant vers Charrier.

Et mon père consent?

HENRI, l'arrêtant par le bras.

Il consent! Sa seule objection sérieuse, c'était que tu n'es pas assez riche pour deux; je l'ai levée en te donnant ma dot.

CLÉMENCE.

Et toi?

HENRI.

Oh! moi... je suis un orgueilleux qui ne veux rien devoir qu'à moi-même. J'ai douze cents francs de rente du bien de ma mère, c'est plus qu'il n'en faut à un soldat.

CLÉMENCE.

Mais je ne veux pas...

HENRI.

Accepte, ma petite Clémence, je t'en supplie : tu me rendras bien heureux; d'ailleurs, c'est la condition que mon père met à ton mariage.

CLÉMENCE, à Charrier.

Est-ce vrai?

CHARRIER.

Puisque ton frère te le dit.

UN DOMESTIQUE, annonçant.

Monsieur de Sergine !

Clémence passe à gauche auprès de son père.

SCÈNE IX.

CLÉMENCE, CHARRIER, SERGINE, HENRI.

HENRI.

Tu as perdu patience?... Ce n'est pas ma faute... Voici ta
femme. Remercie mon père.

SERGINE, à Charrier.

Ah ! Monsieur, que de reconnaissance!...

CHARRIER.

Vous la rendrez heureuse, Monsieur; vous êtes un honnête
homme. (Il le fait passer près de Clémence) Veillez scrupuleusement
sur votre honneur ! Vous allez être assez riche pour n'avoir
souci d'amasser à vos enfants que l'héritage d'un nom sans
tache.

HENRI, à part.

Pauvre père!

SERGINE.

Soyez tranquille, Monsieur; si j'étais tenté de m'égarer,
je me rallierais à votre exemple.

CHARRIER, rencontrant les yeux d'Henri va à lui, et lui dit à demi-voix,
les yeux baissés :

Que veux-tu que je fasse? Veux-tu que je rembourse
jusqu'au dernier sou tous ceux qui ont perdu dans cette affaire? Ce sera le tiers de ma fortune, mais je suis prêt.

HENRI, *se jetant à son cou.*

Merci !

CLÉMENCE.

Quoi donc ?

CHARRIER.

Il m'avait arraché mon consentement pour être soldat : je viens de le lui donner.

SERGINE.

Tu vas t'engager ?

HENRI.

Oui, mon cher. C'était le rêve de ma vie... (*Serrant la main à son père.*) Et maintenant, j'ai le cœur léger comme un oiseau.

SERGINE.

Eh bien ! je te fais mon sincère compliment... Il faut être quelque chose dans ce monde. Tu as perdu un peu de temps...

HENRI.

Mais je le rattraperai... A mon premier congé, vous me verrez avec l'épaulette.

UN DOMESTIQUE, *annonçant de la droite.*

Monsieur Vernouillet.

SCÈNE X.

CLÉMENCE, SERGINE, CHARRIER, HENRI, VERNOUILLET.

HENRI *va vivement à sa rencontre, et lui dit à l'oreille.*

Pas un mot, je vous le conseille. (*Haut.*) J'ai l'honneur, Monsieur, de vous présenter mon beau-frère.

VERNOUILLET.

Ah ! (*A Sergine.*) Agréez, Monsieur, mes félicitations. (*A Henri.*)

Je venais chercher un numéro de la *Gazette des Tribunaux*
que je crois avoir oublié ici.

HENRI, passant auprès de son père et prenant son bras sous le sien.

Je ne l'ai pas vu... A propos, la personne dont nous par-
lions tantôt, vous savez?... Elle rembourse tous ses actionnaires.

VERNOUILLET.

Tous?... Ce sera cher. (A part.) Je comprends.

HENRI.

En sorte que personne n'a plus le droit de l'attaquer.

VERNOUILLET.

Qui donc en avait l'intention? (A part.) Si j'ai jamais un fils,
il me fera peut-être payer ses dettes, mais il ne me fera
jamais payer les miennes!

FIN DU CINQUIÈME ACTE.

PARIS. — IMPRIMERIE DE J. CLAYE, RUE SAINT-BENOIT, 7.

9 782329 793795